westermann

AF649372

PASSWORT LUPE

Erarbeitet von:
Kathrin Grothe
Leonore Jahn
Beate Janzen
Dr. Monika Plath
Uta Sommer

Unter wissenschaftlicher Beratung von:
Prof. Dr. Tabea Becker

Illustriert von:
Sabine Wiemers
Michael Stapper
Zapf

4

Lesebuch

Seiten im Lesebuch

Passwort Lupe
Begegne den Detektiven: Geschichten mit Lulu, Umut, Paul und Elsa.

Tandemlesen
Übe mit einem Partnerkind das flüssige Lesen.

Buchtipp
Super Bücher: Lies einfach mal weiter.

Vorlesetexte
Hör gut zu: Diese Texte werden vorgelesen.

Lesefutter
Lies noch mehr.

Lesespaß
Trainiere deine Lachmuskeln.

Lesefutter
Suche dir einen Text aus: leicht, mittel, schwer.

Tablet & Co
Erfahre mehr über digitale Medien.

Detektivwissen üben + überprüfen

Wie gut kannst du das?
Willst du es noch mal üben?
Finde es heraus.

UNTER DER LUPE

Hier kannst du etwas genau unter die Lupe nehmen.

Digitale Kompetenzen

Aufgaben im Lesebuch haben drei Anforderungsbereiche:

1 wiedergeben

2 Zusammhänge herstellen

3 reflektieren und beurteilen

DAS SIND WIR:

Detektivausweis: LUPE

Lulu

Typisch ich: Juchhuuuuu – Judo!
Bücherratte

Detektivausweis: LUPE

Umut

Typisch ich: immer Musik im Ohr
Computer-Checker

Detektivausweis: LUPE

Paul

Typisch ich: Tischtennis-Champ
Herrchen von Murmel

Detektivausweis: LUPE

Elsa

Typisch ich: Tiere, Tiere, Tiere
Quasseltante (manchmal)

INHALT

Kapitel 1: leben – lernen – respektieren 8

Einstieg ... 8/9

Beste Freunde *(Henriette Wich)* ... 10/11

Ich, Tessa und das Erbsengeheimnis *(Lena Hach)* ... 12/13

Hitzig *(Elisabeth Steinkellner)* ... 14/15

Helsin Apelsin *(Stefanie Höfler)* ... 16–19

Die Schnetts und die Schmoos *(Julia Donaldson, Axel Scheffler)* ... 20

Kommunikation *(Richard Walker)* ... 21

Herr Krähe *(Rachel van Kooij)* ... 22/23

Manchmal *(Manfred Mai, Bilder: Sylvani Mérot)* ... 24/25

Unter der Lupe Woher diese Redewendungen kommen ... 26

Ein Gedicht vertonen und aufnehmen: Mein Glück *(Max Kruse)* ... 27

Detektivwissen üben + überprüfen

Einen Text allein erarbeiten ... 28

Zoff beim Abendessen *(Ute Krause)* ... 28/29

Kapitel 2: essen – bewegen – genießen 30

Einstieg ... 30/31

Falsche Finder *(Henriette Wich)* ... 32/33

Nächste Runde *(Will Gmehling)* ... 34/35

Rote Karte für Rassismus *(Interview mit Angelika Ribler)* ... 36/37

Was aßen eigentlich die Menschen früher? – Eine Zeitreise ... 38–41

die affen und der kokosnuss-muffin *(Nils Mohl)* ... 42

Bluma und das Gummischlangengeheimnis *(Silke Schlichtmann)* ... 43

Die Ausreißer *(Ulf Stark)* ... 44/45

Nudeln, Nudeln *(Erwin Grosche)* ... 46

Hägar der Schreckliche *(Chris Browne)* ... 47

Unter der Lupe Der Drehstabenverbucher ... 48

Informative Muster ... 49

Detektivwissen üben + überprüfen

Einen Text mit dem roten Faden wiedergeben ... 50

Der Backwettbewerb *(Lisa Graff)* ... 50/51

Kapitel 3: beobachten – verstehen – schützen 52

Einstieg ... 52/53
Immer schön cool bleiben *(Henriette Wich)* ... 54/55
Die Grünen Piraten – Anschlag auf die Baumriesen *(Andrea Poßberg)* ... 56/57
Zwei sind besser als einer *(Pavla Hanáčková)* ... 58/59
Klimawandel auf unserer Erde *(Marc ter Horst)* ... 60–63
Nur ein Grad wärmer *(Marie Blöcher)* ... 64/65
Henrikes Dachgarten *(Albert Wendt)* ... 66/67
Die Made *(Heinz Erhardt)* ... 68
Hilfe *(Salah Naoura)* ... 69
Unter der Lupe Merkwürdiger Empfang *(Manfred Schlüter)* ... 70
Fake News – Gefälschte Nachrichten *(Andrea Schwendemann)* ... 71
Detektivwissen üben + überprüfen
Einen schwierigen Text in Gruppen erarbeiten ... 72
Was killte die Dinos? *(Marc ter Horst)* ... 72/73

Kapitel 4: haben – wünschen – brauchen 74

Einstieg ... 74/75
Ein ganz geheimer Wunsch *(Henriette Wich)* ... 76/77
Baum der Wünsche *(Katherine Applegate)* ... 78/79
Das Leben ist (k)ein Wunschkonzert *(Sabine Bohlmann)* ... 80/81
Echt stark! *(Amanda Li)* ... 82–85
Hugo und Big Dschi *(Lena Hach)* ... 86/87
Der Zankapfel *(erzählt von Dimiter Inkiow)* ... 88/89
Und außerdem sind Borsten schön! *(Nadia Budde)* ... 90/91
Unter der Lupe Ach, hätt' ich doch ... *(Giovanna Zoboli)* ... 92
Was will Werbung? *(Andrea Schwendemann)* ... 93
Detektivwissen üben + überprüfen
Das Aussehen und den Charakter einer Figur beschreiben ... 94
Lene und die Pappelplatztiger *(Martin Klein)* ... 94/95

INHALT

Kapitel 5: lesen – hören – sehen 96

Einstieg ... 96/97
Film ab! *(Henriette Wich)* ... 98/99
Sag hallo zu Dandy Smart *(Rüdiger Bertram)* ... 100/101
Tess *(Anna Woltz)* ... 102/103
Vom Buch zum Film ... 104–107
100 Kinder: 80 haben zu Hause einen Fernseher *(Christoph Drösser)* ... 108
Ein rosa Missgeschick *(Anna Wilson)* ... 109
KLICK! *(Jo Simmons)* ... 110/111
Ausgetrickst ... 112/113
Unter der Lupe Auch Filme brauchen ein Buch ... 114
Ansichtssache ... 115
Detektivwissen üben + überprüfen
Eine Textstelle zu einem Rollenspiel ausarbeiten ... 116
In der Bücherei / Schauspieler gesucht ... 116/117

Kapitel 6: träumen – fragen – nachdenken 118

Einstieg ... 118/119
Die Glückskatze *(Henriette Wich)* ... 120/121
Karlas ziemlich fabelhafter Glücksplan *(Alexandra Maxeiner)* ... 122/123
Sieben auf der Suche *(Georg Bydlinski)* ... 124/125
Da haben wir den Salat! *(Rolf-Bernhard Essig)* ... 126–129
Berufe der Zukunft ... 130
Kann man Glück lernen? ... 131
Eine gute Idee? *(Jörg Isermeier)* ... 132/133
Das ist doch Zauberei! ... 134/135
Unter der Lupe Dialekte ... 136
Schulen stellen sich vor ... 137
Detektivwissen üben + überprüfen
Einen Text zum Vortragen vorbereiten und präsentieren ... 138
Eine Traumtorte *(Valentina Brüning)* ... 138/139

Kapitel 7: Jahreszeiten 140

In der Wärme schläft der Herbst *(Haddy Njie)* 140
Der Herbst kommt über uns *(Horst Samson)* 141
Zurück in Sommerby *(Kirsten Boie)* 142/143
Im Herbst ruht der Winter *(Haddy Njie)* 144
Ding dong bells/ Weihnachtsbaum oder Er nadelt *(Matthias Kröner)* 145
Joschi *(Roswitha Fröhlich)* 146/147
Weihnachten – Ein Fest des Schenkens auf der ganzen Welt 148
Silvester *(Jutta Richter)* / Glücksschweinchen 149
In der Kälte schläft der Frühling *(Haddy Njie)* 150
Auf der Wiese *(Iris Schürmann-Mock)* 151
Ostereier mit Seidenpapier färben 152
Der Welttag des Buches 153
Im Frühling schläft der Sommer *(Haddy Njie)* 154
Sommerzeit ist Gewitterzeit 155
Irgendwo ist immer Süden *(Marianne Kaurin)* 156/157

Tipps 158

Einen Text allein erarbeiten 158
Mein bester Freund *(Miriam Körner)* 159
Einen Text mit dem roten Faden wiedergeben 160
Der Pfirsichbaum *(nach Leonardo da Vinci)* 161
Einen schwierigen Text in Gruppen erarbeiten 162
Jagd-Duo *(Pavla Hanáčková)* 163
Das Aussehen und den Charakter einer Figur beschreiben 164
Kaspar, Opa und der Monsterhecht *(Mikael Engström)* 165
Eine Textstelle zu einem Rollenspiel ausarbeiten 166
Vom Kind, das immer lachen musste *(Ursula Wölfel)* 167
Einen Text zum Vortragen vorbereiten und präsentieren 168
Wie man Träume fängt *(Roald Dahl)* 169

Glossar 170/171
Text- und Bildquellen 172–175
Impressum 176

Kapitel 1

leben – lernen – respektieren

Wie wollen wir zusammen **leben**?

Meine Welt

So

So rieche

So rieche, sehe

So rieche, sehe, höre

So rieche, sehe, höre, schmecke

So rieche, sehe, höre, schmecke, denke

So rieche, sehe, höre, schmecke, denke und

So rieche, sehe, höre, schmecke, denke und fühle

So rieche, sehe, höre, schmecke, denke und fühle nur

So rieche, sehe, höre, schmecke, denke und fühle nur ich.

› sich an Gesprächen beteiligen
› mit anderen über Texte sprechen
› eigene Gedanken zu Texten entwickeln

Beste Freunde

Die 4a liest eine spannende Geschichte über Freunde. Alle sind begeistert, und am Schluss sagt Frau Bertram: „Nächste Woche werden wir darüber reden, wie schön es ist, Freunde zu haben. Bitte sammelt als Hausaufgabe schon mal ein paar Ideen dafür. Lasst dabei eurer Fantasie freien Lauf.“ „Klar, machen wir!“, sagt Paul und zwinkert Elsa, Paul und Lulu zu. Am Nachmittag trifft sich TEAM LUPE bei Elsa im Gartenhäuschen. Dort lösen die Kinder normalerweise ihre Fälle. Umut reibt sich die Hände. „Leichter geht's nicht, oder, Leute? Wir sind voll die Experten, wenn es um Freundschaft geht.“ Elsa lacht. „Das stimmt. Ich finde, wir müssen gar nichts vorbereiten. Wir erzählen einfach drauflos, warum wir Freunde sind und was wir schon alles gemeinsam erlebt haben.“ Paul schüttelt energisch den Kopf. „Dann vergessen wir bestimmt viele Sachen. Nein, wir brauchen einen Plan.“ „Lasst uns schöne Bilder dazu malen“, fällt Lulu ein. „Ich hab eine Idee!“, ruft Umut. „Wir machen einen Freunde-Song. Den singen wir dann zusammen mit der Klasse.“ Elsa stöhnt. „Ich kann aber nicht so gut singen.“ Umut versucht, Elsa zu überzeugen, dass es darum gar nicht geht. Freunde unternehmen tolle Sachen zusammen, sie haben Spaß. Und jeder darf so sein, wie er ist. „Bilder drücken das viel besser aus“, widerspricht Lulu. „Die zeigen wir herum und …“ Plötzlich springt Elsa auf. „Wie wäre es, wenn wir uns gegenseitig interviewen?“ Auf einmal reden alle durcheinander. Keiner versteht mehr, was die anderen sagen. Paul fährt mit dem Rolli um den Tisch. Er hat einen roten Kopf bekommen und sucht in der Kommode nach etwas. Jetzt hat er es gefunden. „Trööööt!“, macht die Hupe, die TEAM LUPE neulich für den Detektivclub gekauft hat. Schlagartig sind alle still und starren Paul an. „So wird das nichts, Leute!“, sagt Paul. „Wir sollten im Internet nachsehen, was da alles über Freundschaft steht.“

Das finden Umut, Elsa und Lulu langweilig. Die Freunde fangen an zu streiten, reden immer lauter und können sich nicht einigen. Am Ende haben sie gar nichts geschafft und gehen wütend auseinander. Am nächsten Tag in der Schule reden sie kaum ein Wort miteinander. Am übernächsten Tag finden alle den Streit doof. Und drei Tage später treffen sie sich wieder im Gartenhäuschen.

„Wir haben so viele tolle Ideen“, sagt Elsa.

„Die können wir doch alle verwenden. Ich finde, wir müssen uns gar nicht für eine Sache entscheiden.“

Paul schnippt mit den Fingern. „Ja, das ist die Lösung!“

Der Nachmittag vergeht wie im Flug.

Paul recherchiert im Internet und Lulu malt Freundschaftsbilder.

Umut klimpert auf seiner Gitarre und bastelt an einem Freunde-Song.

Elsa nimmt mit dem Handy auf, was Freundschaft für sie bedeutet.

Dann kommt die nächste Deutschstunde. Frau Bertram fragt, was den Kindern zum Thema Freunde eingefallen ist.

„Dürfen wir anfangen?“, fragt Lulu.

Als Frau Bertram nickt, legen Lulu, Umut, Paul und Elsa los.

„Bravo!“, ruft die Klasse. „Zugabe!“

Umut holt seine Gitarre, und alle singen zusammen den Freunde-Song.

Freunde-Song

Wir sind Freunde, wir haben uns gern.
Über uns, da leuchtet ein Stern.
Wir machen tolle Sachen
und können ganz viel lachen.
Auch wenn wir uns mal streiten,
kommen wieder gute Zeiten.
Wir sind füreinander da.
Wir sind Freunde, ist doch klar.

Henriette Wich

Ich, Tessa und das Erbsengeheimnis

Tessa! Nie wäre ich auf Tessa gekommen.

Dass so ein schöner Name überhaupt existiert, erfuhr ich am nächsten Tag.

Da hieß die Kirchberg dich nämlich herzlich in unserer Klasse willkommen. „Das ist Tessa Huchel. Sie ist eure neue Mitschülerin."

Ich konnte mein Glück nicht fassen. Für einen Detektiv gibt es doch nichts Besseres, als seine Zielperson täglich zu sehen. So konnte ich dich stundenlang beobachten, ohne dass ich dafür extra auf einen Baum klettern musste.

Neben mir pfiff Sefa leise durch die Zähne.

„Wo setzen wir dich denn am besten hin?", murmelte die Kirchberg, unsere Lehrerin. In dem Moment bedauerte ich, dass der Stuhl neben mir schon belegt war – und das, obwohl Sefa mein bester Freund ist. Du bist dann in der zweiten Reihe gelandet, neben Sophie.

Als Sefa und ich in der Pause eine Runde über den Schulhof drehten, konnte ich dich nirgends entdecken. In der Cafeteria nicht, beim Klettergerüst nicht und auch nicht bei den Fahrradständern, wo die Großen abhängen. Während Sefa so vor sich hin quatschte und ich in regelmäßigen Abständen nickte, hielt ich die ganze Zeit nach dir Ausschau. Aber die Fahndung verlief ohne Erfolg.

Erst als es zur nächsten Stunde klingelte, sah ich dich wieder. Du hast regungslos wie eine Wachsfigur von Madame Tussauds im Flur gestanden und aus dem Fenster geguckt. Es schien, als hättest du dich die ganze Pause über nicht bewegt.

Ich machte einen Schritt auf dich zu und genau in dem Moment hast du dich umgedreht. Wir haben uns direkt in die Augen gesehen. Ich kann dir sagen, das war vielleicht ein Gefühl. Das ging so wusch direkt in meine Zehen. Wie damals, als ich aus Versehen an den Stromzaun hinter unserem Haus gegriffen hatte. Nur dass es nicht wehtat. Ganz im Gegenteil. Mir wurde warm, vor allem im Bauch. Und meine Knie wurden ganz weich.

Wenn ich in dem Moment auch nur einen weiteren Schritt gemacht hätte, wäre ich zusammengesunken wie ein Häufchen halbfertiger Wackelpudding. Ich schob es auf die Tatsache, dass ich vergessen hatte, mein Pausenbrot zu futtern.

Was wirklich Sache war, kapierte ich erst zu Hause: Ich saß am Schreibtisch und wollte mit den Hausaufgaben anfangen. Doch ich wusste nicht, was wir aufhatten. Ich hatte keinen blassen Schimmer. Mir wurde klar, dass ich auch sonst nicht viel vom Unterricht mitbekommen hatte. Langsam, aber sicher kam ich mir verdächtig vor.

Ich stöhnte auf. Ich hatte mich verknallt. Aber so was von.

Mein Freund Sefa sagte zu mir: „Paul, was du jetzt brauchst, ist ein Plan!“ Was ich brauchte, war kein Plan, sondern starke Pillen, die dem Verknalltsein so schnell wie möglich ein Ende bereiteten.

[verändert, gekürzt]

Lena Hach

1 Notiere die Zeilen, die zum Bild passen.

Tipp
Seite 158

2 Welche Stelle findest du am wichtigsten? Schreibe drei Schlüsselwörter aus der Textstelle auf.

3 Warum will Paul dem Verknalltsein so schnell wie möglich ein Ende bereiten? Vermute.

› Texte erschließen: gezielt einzelne Informationen suchen
› zentrale Aussagen eines Textes erfassen und wiedergeben
› Perspektiven einnehmen

Hitzig

An einer schäbigen Hausmauer hockt
ein Mädchen in einem bunten Rock.
Als ich an ihr vorübergehe,
tut sie, als ob sie mich nicht sähe.

Ich bin schon beinahe vorbei an ihr,
da ruft sie: „Du bist wohl ein Nagetier!
Ein Biber! Die Zähne so lang und breit –
unübersehbar, die Ähnlichkeit!"

„Und du kommst ganz nach dem Vogelstrauß!
Zumindest die Glubschaugen sehen so aus",
schrei ich zurück und funkle sie an,
„und den Schnabel hast du vom Pelikan!"

Sie kommt auf die Beine und wird ganz rot
und faucht: „Okay, jetzt bist du tot.
Du rotzverklebter Nasenaffe,
du knotenhalsige Stinkgiraffe!"

Die Wut kocht und blubbert wie wild in mir,
ich trete zwei Schritte näher zu ihr.
„Du Kind der gemeinen Hundezecke,
du fürchterliche Schleimheuschrecke!“

„Du mistverschmierte Stubenfliege,
du hornverdrehte Ekelziege!“
„Du beutelloses Känguru.
Du altersschwacher Kakadu!“

„Du Hai mit Plastikzahngebiss!“
„Du Kolibri mit Flügelriss!“
„Du Spinne mit nur einem Bein!“
„Du blinder Hund vom Tierschutzheim!“

Wir stiern uns an mit bösem Blick,
die Luft ist dicker noch als dick.
Kein Laut zu hörn - was passiert wohl gleich?
Da wird ihr Gesicht plötzlich seltsam weich:

„Wolln wir vielleicht ins Schwimmbad gehen?
Mir schwitzen den ganzen Tag schon die Zehen.“
„Gute Idee“, ich strahle sie an,
„hättest du nicht gefragt, hätte ich es getan.“

Elisabeth Steinkellner

1 Erschließe dir das Gedicht mit der Methode „Einen Text allein erarbeiten“.

Tipp **Seite 158**

2 In welcher Zeile ändert sich die Situation? Nenne sie.

3 Gestalte das Streitgespräch mit einem Partnerkind.

Helsin Apelsin

Helsin ist ein überdurchschnittlich fröhliches Mädchen. Sagt Papa, und es stimmt. Helsin hat meistens schon beim Aufstehen so gute Laune, dass sie sogar ein Lied singt. Allerdings hat Helsin auch viel mehr Energie als andere Menschen. Manchmal allerdings, da kocht die Energie über und spült eine rasende rote Welle in Helsins Körper hoch. Ihr ganzer Körper kribbelt von den Beinen bis in die Haarspitzen und die rote Kribbelwelle wird immer gewaltiger, bis sie überschwappt: schwupp, raus aus Helsin, und zack, hinein in die Welt. Und das, was dann rauskommt, das nennen alle nur den „Spinner“.

Suche dir einen der nachfolgenden Texte aus und lies ihn.

Wie Helsin und Louis sich kennenlernen

Angefangen hat alles mit einem einzigen superblöden Wort: Apelsin, Apfelsine, Orange. Niemand aus der Klasse sagte Apfelsine zur Orange. Aber dann kam Louis. Louis war eher klein und dünn wie ein Gartenschlauch. „Das ist Louis“, sagte Frau Coroni feierlich, als sie ihn an diesem Montag der Klasse vorstellte. „Und das ist Helsin.“ Louis guckte Helsin mit seinen sehr blauen Augen halb neugierig und halb spöttisch an. Und dann sagte er: „Helsin? Apelsin?“ Gleich danach grinste er, nur so ein winzig, winziges bisschen, und sagte nochmal: „Helsin, Apelsin, Apfelsine!“ Eigentlich war das mehr gemurmelt als gesagt, aber Helsin hörte es trotzdem. In einer Zwölftelsekunde war Helsin aufgesprungen und der Stuhl kippte hinter ihr um: *kataplom!* Ihre Nasenspitze zitterte, ihre Haare standen in alle Richtungen und ihre schwarzen Augen sprühten Funken. „Washastdugesagt - washastdugesagt?“, zischte Helsin und schwang die Faust wild über ihrem Kopf. In der nächsten Sekunde krachte die Faust runter, und zwar exakt auf die Nase von diesem Apelsinen-Louis. Seine Nase begann augenblicklich zu bluten.

Helsin plumpste zurück auf den Stuhl. „Mist“, murmelte Helsin, und dann: „Ähm. Schuldigung.“ Die anderen atmeten auf, denn der Spinner war vorbei. „Hand“, sagte jetzt Frau Coroni. Helsin streckte diesem Louis schnell ihre rechte Hand hin. Louis aber, der wollte jetzt keine Hand schütteln. Drinnen trommelte Helsins Herz: tatam, tatam, tatam. Eine Spinner-Entschuldigung musste man nämlich annehmen. Mit Hand. Immer. Darauf hatte sich die Klasse schon vor ewigen Zeiten geeinigt.

Wie Mama und Papa vom Spinner erfahren

Nachdem in der Schule so viel schiefgelaufen war, gab es an diesem Tag zu Hause statt Spaghetti auch noch Papas Notfallessen: Käsecracker mit Frischkäse. „Scheiß Käsecracker!“, maulte sie. „Setz dich doch erst einmal“, sagte Papa, der Helsin ein strahlendes Lächeln schenkte. „Hrmpf“, sagte Helsin und lächelte nicht. Widerwillig schob sich Helsin auf die Bank und biss in einen Cracker hinein. Nach Helsins drittem Cracker klingelte das Telefon. Papa ging mit dem Telefon vom Wohnzimmer in die Küche und machte die Tür hinter sich zu. Als Papa zurückkam, fragte er: „Du hast also einen neuen Mitschüler?“
„Mhm“, machte Helsin. Sie hatte überhaupt keine Lust, jetzt auch noch zu Hause darüber zu reden. „Wie heißt er denn?“, fragte Papa schlau. „Louis“, fauchte Helsin, obwohl Papa das hundertprozentig längst wusste. „Und er ist ganz besonders blöd.“
„Ihr habt euch heute also nicht so gut verstanden?“, fragte Papa sanft. Wie ihr Freund Tom wusste Papa genau, wie man einen Spinner verhindert. Mama wusste das auch, aber im Gegensatz zu Tom und Papa war es ihr schnurzegal, ob Helsin einen Spinner bekam. „Hattest du einen Spinner, Helsin?“, fragte sie deshalb direkt.
„Der hat meine Entschuldigung nicht angenommen“, schnaubte Helsin.

„Entschuldigung für was?“, fragte Mama interessiert.

„Fürs Nase-blutig-Hauen“, antwortete Papa statt Helsin. „Der muss meine Entschuldigung annehmen!“, rief Helsin. „So wie alle!“

„Helsin, es geht eben nicht immer alles nach deinen Regeln“, seufzte Papa.

„Wollt ihr vielleicht mal wissen, warum ich überhaupt einen Spinner gekriegt hab?“, schrie Helsin dazwischen.

„Nein!“, sagte Mama. „Ja!“, rief Papa.

„Ihr seid nämlich schuld! Weil ihr mir so einen blöden Namen gegeben habt!“, brüllte Helsin, sprang von ihrem Platz auf und fegte den Käsecracker-Teller vom Tisch.

„Gib Bescheid, wenn du dich beruhigt hast, mein Rumpelstilzchen“, sagte Mama und verließ mit Papa das Wohnzimmer. „Und sammle bitte hinterher die Scherben ein!“ Helsin guckte den beiden böse hinterher. Es macht nämlich keinen Spaß, jemanden anzubrüllen, der nur nickt und lächelt.

Wie Helsin jemanden kennenlernt, der auch einen Spinner hat

Irgendwann hatte Helsin dann bemerkt, dass Louis doch gar nicht so übel war, und sich mit ihm angefreundet. Für ein Plakat über Länder Europas wurden sie ein Team. Louis bekam Schweden und Helsin Finnland. „Lass uns unser Plakat meinem Opa zeigen, der war früher Seemann und ist ein richtiger Experte“, erklärte Louis Helsin.

„Ich habe ihm gesagt, dass wir kommen“, verriet Louis.

„Er hat gesagt, er freut sich wie ein betrunkener Seemann!“

„Hallo Opa!“, schrie Louis, wedelte mit beiden Armen wild über seinem Kopf rum und sprintete los. Louis klopfte an die Tür.

„Kummt rin!“, rief drinnen eine tiefe, raue Stimme.

„Das ist Helsin“, stellte Louis sie vor.

Helsin grinste vorsichtig.

„Aha“, sagte der Opa.

„Die junge Dame, die meinem Louis die Nase blutig gehauen hat?“, sagte er, und er strahlte nicht mehr so sehr.

„Das mit der Nase“, sagte der Louis, „das war eigentlich nicht Helsin. Das war der Spinner.“ Und dann erklärte Louis seinem Opa, was ein Spinner war. Dass der Spinner einfach kam und Helsin gar nichts machen konnte außer schreien und mit den Armen und Beinen ausschlagen wie ein wild gewordener Esel, bis der Spinner vorbei war. Der Opa nickte und schaukelte, und der Schaukelstuhl quietschte. „Und wie lang dauert dat dann? Der Spinner mein ich?“ Die himmelblauen Opa-Augen blitzten Helsin an.

„Ähm, na ja“, piepste Helsin, „so ungefähr zwölf Sekunden.“

Der Opa ließ ein heiseres, glucksendes Lachen hören.

„Zwölf Sekunden, dat ist ja'n Witz! Meine Spinner dauern eher zwölf Minuten!“ Helsins Augen wurden rund wie Murmeln.

„Du hast auch Spinner?“ „Jau“, bestätigte der Opa und hörte auf zu schaukeln. „Also, na ja. Hatte ich. Früher. Als ich jung war. Ganz ordentliche Spinner warn dat, aber hallo!“

Er gluckste wieder. „Alle sind davongelaufen, wenn ich wild wurde. Alle! Die wussten dat, weil ich immer erstmal mit den Augen gerollt hab, und dann ging's richtig los.“ Der Opa sah nicht gerade so aus, als wäre ihm das mit den Spinnern irgendwie peinlich. Louis guckte seinen Opa verwundert an. Anscheinend hatte er nichts von den Spinnern seines Opas gewusst. „Sag mal“, fragte Helsin den Opa. „Hast du jetzt wirklich gar keine Spinner mehr?“ Der Opa schüttelte den Kopf. „Schon lange nicht mehr. Hab se irgendwann besiegt“, verriet er und setzte sich seine Kapitänsmütze auf.

„Schaffst du auch noch, wart's nur ab.“

Der Opa grinste Helsin an und Helsin grinste zurück. [verändert, gekürzt]

Stefanie Höfler

1 Erzählt euch gegenseitig, wie die Personen Helsin erleben und wie sie mit ihrem Spinner umgehen.

2 Überlegt gemeinsam andere Möglichkeiten, mit Helsins Spinner umzugehen. Schreibt Stichworte dazu auf.

Die Schnetts und die Schmoos

Auf der Stern Sehrsehrfern, auf dem See Lubuleete,
lebten die Schnetts, deren Tochter hieß Grete.

Auf dem böckligen Berg, von dem See kaum entfernt,
wohnte ein Schmoo, und sein Name war Bernd.

Grete war rot, wie die Schnetts eben sind.
Ihr Großvater sagte: „Hör mal, mein Kind.
Spiel nie, wirklich nie, mit den schrecklichen Schmoos.
Ihr Bett ist ein Loch, ihre Schuhe sind groß
und ein Känguruschwanz wächst an ihren Popos!
Spiel nie, wirklich nie, mit den schrecklichen
Schmoos."

Bernd war blau, wie jeder Schmoo.
Und der Rat seiner Oma lautete so:
„Spiel nie, wirklich nie, mit den scheußlichen Schnetts.
Wir hassen ihr Haar und ihr dummes Geschwätz.
Sie brauchen ein Bett, kippen Tee in ein Netz!
Spiel nie, wirklich nie, mit den scheußlichen
Schnetts."

Grete traf Bernd im wupfligen Wald.
Die Wäume warn hoch und die Muft war nicht kalt.
Sie erzählten Geschichten und sangen ein Lied
und spielten so schön, wie es selten geschieht.
Sie kletterten hoch auf den Schlemmerbeer-Waum
und aßen die Früchte aus zuckrigem Schaum.

Doch wer ging dazwischen? Na klar, Opa Schnett!
Er störte die zwei und benahm sich nicht nett.

Großmutter Schmoo kam gleich hinterher,
schnappte nach Muft und schimpfte noch mehr!

[gekürzt]

Julia Donaldson, Axel Scheffler

Kommunikation

Tiere verständigen sich auf ganz unterschiedliche Weise. Sie erzeugen Geräusche, berühren sich oder nutzen andere Formen der Körpersprache.

Schimpansen verständigen sich durch verschiedene Gesten mit den Mitgliedern ihrer Familie. Mit ihrem Gesichtsausdruck können sie Hunger, Wut, Angst oder auch Freude zeigen.

Bei Dunkelheit setzen Glühwürmchen Lichtsignale ein, um einen Partner anzulocken. Dafür besitzen sie ein Organ am Hinterleib, das blinkende Signale erzeugen kann. Manchmal ahmen sie auch die Lichtsignale anderer Arten nach. Kommen diese Tiere herbei, werden sie gefressen.

Bei den Kattas werden Gruppen immer von einem Weibchen angeführt. Kattamännchen besitzen eine Duftdrüse am Handgelenk. Mit dem übelriechenden Sekret* reiben sie ihren Schwanz ein. In der Paarungszeit peitschen die Männchen dem Gegner den Schwanz um die Nase. Wer am übelsten riecht, gewinnt und bekommt das Weibchen. Kattas stoßen bellende Rufe oder schrille Schreie aus. Kattamännchen schreien im Chor, um das Revier zu verteidigen.

Wenn Honigbienen zu ihrem Stock zurückkommen, tanzen sie einen Schwänzeltanz. Damit zeigen sie den anderen Bienen die Richtung einer guten Nektarquelle. Die anderen Bienen nehmen mit ihren Antennen diese Information auf.

Der Laubfrosch kann besonders laut quaken. Seine Schallblase verstärkt die Geräusche der Stimmbänder. Bis zu 500 m weit können wir sie hören. Mit seinem Rufen lockt er Weibchen an und verteidigt sein Revier.

Richard Walker

*Sekret → Körperflüssigkeit

Achte beim Zuhören darauf, wie Leo reagiert, als der Vogel gegen die Scheibe geflogen ist.

Herr Krähe

Leo ist 17 und der große Bruder von Max. Er lebt in einem „begrenzten Universum“, wie Max das nennt, und Max muss oft auf ihn aufpassen. Beide sind allein zu Hause, als ein Kolkrabe gegen die Fensterscheibe fliegt.

„Wir retten Krähe“, sagte mein großer Bruder zuversichtlich.

„Wir ...“ Er dachte nach. Ich konnte an seinen zusammengekniffenen Augen und der Falte auf der Stirn sehen, wie er uns beide langsam und konzentriert zählte.

„Eins, ... zwei.“

Weiter als bis sieben kommt er nie ohne Fehler. Bei der Zwei zeigte sein Finger wackelig auf mich, bevor er damit ratlos die Luft neben mir durchbohrte.

Denn dort, wo drei sein sollte, war nun mal nichts. Und das ist ein Problem für Leo. Er weiß nie, wann er mit dem Zählen wieder aufhören muss.

Leo schaute seine Hand an, bog stirnrunzelnd den bereits ausgestreckten Finger wieder zurück und zählte nochmals.

„Eins, ... zwei“ – tiefer Atemzug – „fertig!“ „Wir, ZWEI, retten Krähe“, verkündete er, als ginge es darum, die Welt um uns herum vor einer echten Katastrophe zu bewahren.

Ich tat, als hörte ich ihn nicht. Es hatte keinen Sinn, Leo klarzumachen, dass es unmöglich ist, einen kaputten Vogel zu retten. Die ganze Scheibe hatte einen Augenblick lang gezittert, als der Vogel seinen Kamikazeflug beendete.

Leo fiel die Tasse aus der Hand, und ein Kakaotsunami schwappte über sein Käsemarmeladebrot, über mein Apfelnussfitnessmüsli mit zwölf wertvollen Vitaminen und Spurenelementen und über die Zeitung.

Ich hatte gerade den Artikel über einen neuen Flugzeugtyp gelesen, als dieser Knall mich wie eine Rakete von meinem Sessel starten und wieder unsanft landen ließ. Leo hatte sich hinter seinen Händen versteckt und versuchte gleichzeitig, nicht nur die Augen abzudecken, sondern auch die Zeigefinger in die Ohren zu stopfen. Er zitterte wie die Fensterscheibe, nur heftiger und länger.

„Ist schon vorbei“, sagte ich beruhigend. „Bloß ein dummer Vogel.“

„Ein, ein ... Vogel?“ Leo lugte ängstlich zwischen seinen Fingern hindurch.

Leo stand auf, ging zum Fenster. „Oh, oh“, stöhnte er und rannte los, hinaus aus der Küche. Ich sprang auf und rannte hinter meinem Bruder her. An der Hausecke, wo ein paar Stufen zur Terrasse führten, überholte ich Leo. Er muss sich dort immer an der Hauswand festhalten.

Der Kolkrabe lag mit einem seltsam geknickten linken Flügel auf den Brettern. „Arme, dumme Krähe“, murmelte Leo neben mir mitleidig.

„Der spürt nichts mehr. Der ist im Himmel“, klärte ich ihn auf.

„Ist er nicht“, widersprach Leo. Ich fühlte mich genötigt, nochmal genauer hinzusehen. Die Brustfedern bewegten sich kaum merklich auf und ab.

„Ach. Tatsächlich. Aber er stirbt. Bald.“

Leo antwortete nicht. Wir starrten eine Weile wortlos auf den armen, dummen Vogel. In Leos Kopf entstand in dieser Wartezeit die aussichtslose Krähenrettungsidee.

„Wir retten Krähe“, sagte er, als wäre das das Selbstverständlichste, und dann zählte er uns. „Eins, zwei ... fertig. Wir ZWEI retten Krähe.“

„He, hörst du nicht?“ Leo stupste mich in die Seite. „Wir retten Krähe. Du und ich. Wir ZWEI.“ „Ja, das habe ich schon kapiert“, seufzte ich. „Wir retten die Krähe, wir zwei.“ Leo strahlte mich an. Während ich noch überlegte, sagte Leo ernst: „Krähe ist ein Ehemann. Ein armer, kranker Ehemann.“ „Was?“ „Ja.“

Leo tippte vorsichtig mit seinem Finger auf den Rabenfuß. „Da der Ring. Krähe hat Hochzeit gefeiert mit einer Frau. Lieber Herr Krähe“, sagte Leo fürsorglich neben mir. „Wir retten dich. Wir bringen dich rasch zu deiner Frau. Die macht dich wieder gesund.“ [verändert, gekürzt]

Rachel van Kooij

1 Wie reagiert Leo, als der Vogel gegen die Scheibe geflogen ist? Erzähle.

2 Wie will Leo die Krähe retten? Erkläre.

› verschiedene Textsorten kennen und unterscheiden: Gedicht, Bildergeschichte

[gekürzt] *Manfred Mai*
Bilder: Sylvain Mérot

UNTER DER LUPE

Woher diese Redewendungen kommen

Mein Name ist Hase

Im 19. Jahrhundert half der Student Viktor von Hase einem Freund über die Grenze nach Frankreich zu fliehen. Er lieh ihm dazu seinen Studentenausweis. Nach der Flucht wurde der Ausweis nahe der Grenze gefunden und an ein deutsches Gericht gesandt. Viktor von Hase musste vor das Gericht und wurde zu dem Vorfall befragt. Er soll gesagt haben: „Mein Name ist Hase. Ich weiß von nichts." Die Redensart wird dann verwendet, wenn man etwas verschweigen möchte oder sich unschuldig fühlt. Sie hat also mit dem Hasen als Tier nichts zu tun.

Schmetterlinge im Bauch haben

Vielleicht kennt ihr das aufregende, flattrige Gefühl im Bauch, wenn man verliebt ist. Die amerikanische Schriftstellerin Florence Converse (1871–1967) hat diese Redewendung erfunden. Sie sprach in ihrem Buch von „butterflies in the stomach". Genau übersetzt heißt das „Schmetterlinge im Magen". Mitte des 20. Jahrhunderts kam die Redewendung auch nach Deutschland und wird hier mit „Schmetterlinge im Bauch" benutzt.

Das kann ja kein Schwein lesen

Im späten Mittelalter konnten nur wenige Menschen lesen. Deshalb gingen die Leute zu den Gelehrten, um sich Briefe oder Dokumente vorlesen zu lassen. In der Nähe der Stadt Schleswig gab es eine Familie, die Swien hieß und den Menschen der Umgebung vorlas. Wenn etwas sehr unleserlich geschrieben war, sagten die Leute: „Das kann nicht mal ein Swien lesen." Da „Swien" das plattdeutsche Wort für „Schwein" ist, wurde später daraus: „Das kann ja kein Schwein lesen."

1 Erarbeite dir den Text mit der Methode „Einen Text allein erarbeiten".

Tipp
Seite 158

2 Welche Erklärung war für dich interessant? Tausche dich aus und begründe deine Wahl.

- gezielt einzelne Informationen suchen
- verschiedene Textsorten unterscheiden: Redewendungen
- zu Texten Stellung nehmen

Ein Gedicht vertonen und aufnehmen

Mein Glück
Draußen kreischt die Straßenbahn.
Drüben grölt ein Blödian.
Über mir tobt ein Klavier,
nebenan ein Hundetier.
Unten dröhnt das Radio,
und das Wasser rauscht im Klo.
In der Küche pfeift der Topf,
und ein Hammer übt klopf-klopf.
Doch mir macht das gar nichts aus –
denn ich bin ja nicht zu Haus!

Max Kruse

lesen		Geräusche
David	Draußen kreischt die Straßenbahn. *Triangel sehr schnell spielen, Glissando aufwärts und abwärts mit der Stimme auf ui* *rata tata tata tata tam* ♪♪ ♪♪ ♪♪ ♪♪ ’ *Klanghölzer*	Pia, Fred
	Drüben grölt ein Blödian.	

1. Wir überlegen, wo wir Geräusche oder Klänge machen wollen. Wir übertragen den Text und markieren diese Stellen.
2. Wir einigen uns auf die Geräusche oder Klänge und üben sie. Wir teilen ein, wer welche Stellen liest und wer vertont.
3. Wir üben das Vorlesen und Vertonen.
4. Wir nehmen das Gedicht mit einer App auf.
5. Wir überprüfen, ob es uns so gefällt. Sonst wiederholen wir die Aufnahme.

› handelnd mit Texten umgehen: vertonen
› digitale Medien nutzen

Detektivwissen üben + überprüfen

Einen Text allein erarbeiten

Das konntest du auf den Seiten 12–15 und 26 üben.
Hier kannst du weiter üben und überprüfen, ob du es kannst.

Zoff beim Abendessen

Theo war neun Jahre alt und lebte mit seiner Mutter und seinem Stiefvater in einem Stadtteil von Berlin namens Friedenau.

Theo wohnte im obersten Stock eines grauen Mietshauses, an dem schon der Putz abgeblättert war. Oft lag Theo auf seinem Bett und träumte davon, auf einem Schiff ganz weit fortzusegeln. Das träumte er vor allem, wenn es wieder Ärger mit Martin und Mama gegeben hatte.

Martin war Mamas Freund und Theos Stiefvater. Theo hätte gerne einen Papa gehabt, der mit ihm im Park kickte oder eine Radtour machte. Aber Martin war ganz anders. Er stand den halben Tag in der Küche und probierte neue Rezepte aus, denn er war ein Drei-Sterne-Koch.

So gab es flambiertes Hühnchen mit Erdbeer-Schokoladensoße oder Froschschenkel-Rosenkohl-Lasagne oder Vanilleeis mit Sauerkraut. Jeden Tag fragte sich Theo ängstlich, was es wohl diesmal zum Essen geben würde. Viel lieber hätte er Spaghetti mit Tomatensoße gegessen oder Fischstäbchen, aber das durfte er nicht laut sagen, dann wurde Martin wütend. Er war nämlich sehr empfindlich und, wie Mama sagte, ein großer Künstler.

Mama lobte alles, was er kochte, nur als es einmal gegrillte Heuschrecke auf Apfel-Birnen-Mousse gab, streikte auch sie. Es gab immer wieder Abende, an denen Theo einfach keinen Bissen herunterbekam.

So auch an diesem Abend, als es Berliner Stadttaubenpastete mit Ananasstücken und Himbeeren garniert mit Minzschaum gab. Martin fand, dass er sich diesmal selbst übertroffen hatte.

Er hatte viele Stunden mit Einkaufen und Kochen verbracht, wie er Mama und Theo erzählte, und nachdem er die Teller feierlich auf den Tisch gestellt hatte, beobachtete er gespannt ihre Gesichter.

Während Mama den wunderbaren Duft lobte, stocherte Theo mit der Gabel in der Taube herum. Schließlich schob er den Teller beiseite. „Das schmeckt mir nicht“, murmelte er. Türknallend verließ Martin das Zimmer. Mama zuckte zusammen. Sie sahen sich betreten an. „Wenn es mir doch nicht schmeckt“, sagte Theo leise. Mama stützte den Kopf in die Hände. Sie wirkte plötzlich erschöpft. Doch als Theo sie fragte, ob er sich ein Käsebrot machen dürfte, stand sie auf und machte es für ihn.

Später, als Theo schon im Bett lag, hörte er, dass Mama und Martin stritten. Über ihn und über das Käsebrot. „Du verwöhnst ihn“, hörte Theo ihn schimpfen. „Das Kind tanzt dir auf der Nase herum.“ „Du bist zu streng“, antwortete Mama. „Auch wenn er ein Kind ist, hat er das Recht zu sagen, was er mag und was nicht.“

[verändert, gekürzt] *Ute Krause*

1 Warum gibt es immer wieder „Zoff“ beim Abendessen? Erkläre.

Tipp **Seite 158**

2 Welchen Rat würdest du Theo geben? Schreibe ihn auf.

3 Mama sagt: „Auch wenn er ein Kind ist, hat er das Recht zu sagen, was er mag und was nicht.“ Stimmt das? Begründe deine Meinung.

Schätze dich ein und notiere.

- zentrale Aussagen eines Textes erfassen und wiedergeben
- zu Texten Stellung nehmen
- sich kompetenzorientiert einschätzen

Kapitel 2

essen – bewegen – genießen

Amelia, 11 Jahre, lebt in Trecastagni, Sizilien, Italien.

Darvi, 12 Jahre, lebt in Brasilia in Brasilien.

Und du?
Was isst du in einer Woche?

**Lulu hat an einer Umfrage teilgenommen.
So war das Ergebnis von 100 Kindern:**

Ich bewege mich viel, ...

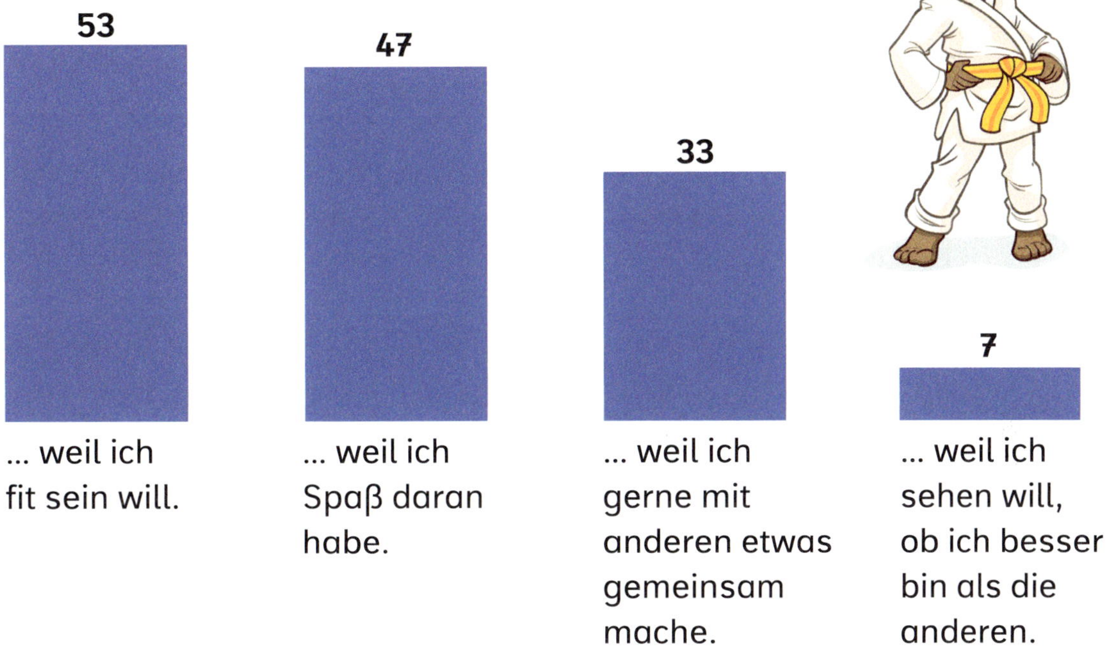

(Die Kinder konnten mehrere Antworten ankreuzen.)

Weltrekord

Man wundert sich, bewundert mich:
Der schnellste Mensch der Welt bin ich.
Die nächste Runde schaff ich noch.
Ja! Nochmals schneller, wusst ich's doch!
Da! Plötzlich überholt man mich!
Wer hat mich überholt? Na, ich!

Lorenz Pauli

› mit anderen über Texte sprechen
› verschiedene Textsorten kennen

Falsche Finder

„Wir waren echt gut!“, sagt Umut, während Elsa seinen Rücken mit Sonnenmilch eincremt.
Paul nickt. „Wir sind eine Stunde geschwommen, Leute.“
„Super“, sagt Lulu und sieht sich im Freibad um.
Heute ist wieder richtig viel los. Kein Wunder. Es ist ja auch ein schöner, warmer Tag. Es fühlt sich an wie Sommer, obwohl eigentlich schon Herbst ist. Plötzlich ruft Paul: „Die Tischtennisplatte ist frei. Schnell!“
Sofort sprintet TEAM LUPE zur Platte. Paul hat alles dabei.
Er spielt nämlich Tischtennis im Verein. Elsa gibt ihm die blaue Tasche, die hinten an seinem Rolli hängt. Paul verteilt die Schläger.
„Was hast du denn für coole Bälle?“, sagt Elsa verblüfft.
„Die sind ja orange!“
Paul nickt. „Dann findet man sie leichter, wenn man sie verschlagen hat.“

Lulu schlägt vor, ein Doppel zu spielen. Umut und Elsa stellen sich nebeneinander auf die eine Seite der Platte. Paul und Lulu sind auf der anderen Seite. Jetzt geht es los. Ganz lange macht niemand einen Fehler – bis Elsa weit ausholt und schmettert.
Umut pfeift durch die Zähne.
„Nice! Aber leider daneben.“
„Und wo ist jetzt der Ball?“, fragt Lulu.
Die Kinder suchen ihn in den vielen, großen Büschen rund um die Tischtennisplatte. „Hab ihn!“, freut sich Paul. „Helft ihr mir mal?"
Umut pflückt den Ball von einem Zweig ganz oben.
Plötzlich ruft Lulu: „Neben dem Busch liegt ein Portemonnaie. Das muss jemand verloren haben.“
Im Portemonnaie sind viele Geldscheine und eine Kreditkarte.
Elsa grinst. „Dann war mein Schlag ja doch ein Treffer!“
Die Freunde bringen das Portemonnaie zur Kasse beim Eingang.
„Oh, danke“, sagt der Bademeister. „Wo habt ihr denn das gefunden?“
„Im Gebüsch.“ Elsa erzählt, wie toll sie geschmettert hat, und Paul hält den orangen Ball hoch. Der Bademeister lächelt. „Gut gemacht! Ich lege das Portemonnaie zu den anderen Fundsachen.“

Lulu, Umut, Paul und Elsa kehren zur Tischtennisplatte zurück, aber die ist leider schon wieder besetzt. Zwei ältere Jungs liefern sich ein spannendes Match. „Macht nichts“, sagt Umut. „Dann warten wir eben auf der Bank da drüben.“

Die Freunde sehen den Jungs beim Spiel zu. Eine Viertelstunde später kommt eine Frau zur Tischtennisplatte. Sie sagt zu den Jungs: „Ihr seid doch bestimmt die Kinder, die mein Portemonnaie gefunden haben, oder? Ihr habt euch einen Finderlohn verdient.“

Die zwei Jungs grinsen sich an. „Ja, genau, wir waren das“, sagt der Größere der beiden. „Das glaub' ich jetzt nicht!“, ruft Elsa empört. Und schon ist TEAM LUPE zur Stelle.

„Wir haben Ihr Portemonnaie gefunden!“, stellt Lulu klar.

Die Frau schaut ratlos zwischen den Kindern hin und her. Sie weiß nicht, wem sie nun glauben soll. Da hat Umut eine Idee, die er der Frau ins Ohr flüstert.

„Also gut", sagt sie zu den Jungs. „Ihr habt einen Ball verschlagen und im Gebüsch mein Portemonnaie gefunden. Richtig?“

Die Jungs nicken und grinsen frech.

„Welche Farbe hatte denn der Ball?", fragt die Frau weiter.

„Weiß natürlich“, sagt der kleinere Junge. „Wie alle Tischtennisbälle.“

„Falsch“, schaltet sich Paul ein, und Elsa hält den orangen Ball hoch.

Der größere Junge ruft laut: „Das habt ihr euch alles nur ausgedacht!“ Die Frau schüttelt energisch den Kopf.

„Nein! Der Bademeister hat mir von dem orangen Ball erzählt. Schämt euch, Jungs, mich so anzulügen!“

Die falschen Finder werden rot. Sie murmeln „’tschuldigung“ und verdrücken sich. TEAM LUPE bekommt einen Finderlohn. Davon kaufen sie sich vier Eistüten mit Sahne.

„Fall gelöst“, sagt Lulu stolz.

Und Umut zwinkert Elsa zu. „Voll der Treffer, dein Schuss!“

Henriette Wich

Nächste Runde

Man muss nur über die Eisenbahnbrücke, dann fährt man rechts den Weg rein durch das Industriegebiet. Da ist das Boxstudio.

Man macht die schwere Eisentür auf und geht den Gang lang. Es riecht nach Sport und fairem Kampf. Sofort bist du, wo du sein musst. Als hättest du immer schon hierher gehört.

Ich war pünktlich. Hamid winkte mir kurz zu, er stand bei zwei Jungs und zeigte ihnen, wie man vor dem Spiegel trainiert. Schattenboxen. Ich ging in den kleinen Umkleideraum und zog mich um. Jetzt stand ich da, in Trainingshose, T-Shirt und Turnschuhen, und wusste nicht, wie weiter.

„Alf, du gehst da nach drüben“, sagte Hamid und zeigte in die hinterste Ecke. Dort saßen ein paar Kinder, die meisten kleiner als ich, mit einem jungen Trainer. Sie machten Dehnübungen. Ich setzte mich dazu und machte mit. Aber ich fand das langweilig. Ich wollte kämpfen und nicht Kinderyoga machen.

Ich gab aber trotzdem mein Bestes, ich streckte und reckte mich. Der Trainer war zufrieden. Er hieß Alex und gab mir die Hand. „Schon ganz okay für den Anfang. Aber du bist noch etwas steif in der Hüfte.“ Das hatte ich nicht gewusst. Um meine Hüfte hatte ich mich nie gekümmert. „Kommst du jetzt regelmäßig?“, fragte er. „Ja, klar, immer!“ Ich war mir absolut sicher. Kinderyoga hin oder her.

Danach mussten wir im Kreis laufen, hübsch hintereinander. Endlos. Ich fing an zu schwitzen. Dann sprangen wir aus dem Stand nach oben, zehnmal, zwanzigmal, das war echt hart. Alex beobachtete uns genau, und wenn jemand nicht hoch genug sprang, rief er: „Das ist Ausdauertraining! Gebt euch Mühe! Höher, höher!“

Am Ende durften wir endlich boxen. Ich war der Einzige, der keine Handschuhe hatte, also holte Hamid welche aus dem Schrank. „Die leihe ich dir für heute“, sagte er. Hamid half mir beim Anziehen. Es fühlte sich gut an, so gut! Glatt spannte das Leder um meine Faust.

Der Boxsack war schwerer, als ich geglaubt hatte. Als ich dagegenschlug, bewegte er sich fast gar nicht. Also schlug ich mit aller Kraft – und als der Sack sich endlich in Gang setzte, prallte er so stark zurück, dass er mich traf und ich nach hinten taumelte. Die anderen aus der Gruppe lachten. Hamid nicht.

„Immer den Gegner mit einberechnen“, ermahnte er mich. „Immer konzentriert sein!“ Er zeigte mir die ersten Schlagtechniken und wie ich dabei zu stehen hatte. Die richtige Deckung.

Zum Schluss sollten wir uns alle hinlegen, auf unsere Handtücher, und entspannen. Ich hatte aber keins. „Das nächste Mal hast du ein Handtuch dabei“, sagte Hamid. „Ein Sportler hat immer ein Handtuch.“

Jetzt war ich also ein Sportler.

Jungs, war ich froh, hier gelandet zu sein. Das Butterfly war ziemlich heruntergekommen. Aber egal. Hier war alles richtig: die Leute, die Boxsäcke, der Ring. Sogar die schäbige Umkleide fand ich gut.

So ist das, wenn du wo richtig bist. Du findest alles gut, auch wenn es alt aussieht. [verändert, gekürzt]

Will Gmehling

1 Erzähle die Geschichte mithilfe des roten Fadens nach.

Tipp
Seite 160

2 Manche Leute sagen: „Boxen ist kein richtiger Sport!“
Wie denkst du darüber? Begründe deine Meinung.

› Texte mit eigenen Worten wiedergeben
› zentrale Aussagen eines Textes erfassen und wiedergeben
› zu Texten Stellung nehmen

Rote Karte für Rassismus

Immer wieder kommt es zu rassistischen Vorfällen im Sport. Auch auf oder neben dem Fußballplatz, auch schon im Kinderfußball. Wie Kinder sich dagegen wehren können, erklärt die Sportwissenschaftlerin Angelika Ribler im Interview mit „Dein Spiegel".

Wie äußert sich Rassismus im Fußball?

Es ist zum Beispiel rassistisch, wenn dich jemand von der Seitenlinie beleidigt, weil du eine andere Hautfarbe hast. Oder wenn ein Zuschauer ruft, dass du gar nicht aus Deutschland kommst, obwohl du vielleicht hier geboren bist. Rassismus äußert sich aber nicht immer so deutlich. Auch das Gefühl, im Fußballverein nicht dazuzugehören oder vom Trainer wegen der Herkunft benachteiligt zu werden, kann rassistische Gründe haben.

Was kann ein Kind machen, das rassistisch beleidigt wird?

Das Kind sollte zunächst die Situation abwägen: Fühle ich mich sicher? Sind Personen in meiner Nähe, die mich unterstützen? Wenn ja, sollte der Betroffene widersprechen. Er sollte deutlich sagen: „Das will ich nicht!"
Im Nachhinein hilft es, sich eine Vertrauensperson zu suchen, mit der man darüber sprechen kann: Eltern, Freunde oder Trainer. Dabei sollte man sich nicht so schnell abwimmeln lassen. Wenn jemand sagt: „Ach, das ist nicht so schlimm, das meint der gar nicht so", sollte man mit einer anderen Person sprechen, die vielleicht schon mal ähnliche Erfahrungen gemacht hat. Menschen, die selbst nicht betroffen sind, verstehen Rassismus oft nicht.

› zentrale Aussagen eines Textes erfassen und wiedergeben

Was kann ein Fußballspieler tun, wenn ein Mitspieler rassistisch beleidigt wird?

Es ist wichtig, dem Mitspieler zu zeigen, dass man auf seiner Seite ist. Erstens, indem man widerspricht. Und zweitens, indem man im Nachhinein mit ihm das Gespräch sucht, zum Beispiel auf dem Nachhauseweg oder in der Umkleidekabine. Auch dann, wenn der Betroffene den Vorfall nicht aktiv anspricht. Es kann gut sein, dass er das abwehrt, weil er sich öfter wehren muss – auch außerhalb des Fußballs – und das ist anstrengend. Dann kann man sagen: „Ich kann mir vorstellen, dass das wehtut. Und mich ärgert das auch. Du kannst mich immer ansprechen. Und wir können uns auch Unterstützung beim Trainer holen."

Und wenn im Stadion jemand etwas Rassistisches ruft?

In diesem Fall kannst du dich an die Ordner wenden, um auf den Vorfall hinzuweisen. Ansonsten musst du auch hier schauen, wie die Situation ist: Wer ruft da? Ist das einer oder sind das fünf? Wenn die Stimmung nicht so aufgeheizt ist, du mit deiner Mutter, deinem Vater oder deinem großen Bruder im Stadion bist und dich sicher fühlst, kannst du dich zuerst kurz mit deiner Familie absprechen, und dann könnt ihr zusammen der betreffenden Person direkt widersprechen. Dann könnt ihr auch deutlich werden und sagen: „Halt die Klappe!" [gekürzt]

Interview von Marco Wedig mit Angelika Ribler

1 Erklärt, wie sich Rassismus im Sport zeigen kann. Nennt Beispiele aus dem Text.

2 Gestalte mit anderen ein Plakat gegen Rassismus.

3 Hast du schon mal Rassismus erlebt? Berichte.

› Lernergebnisse präsentieren und dabei Fachbegriffe nutzen
› verschiedene Medien für Präsentationen nutzen
› über eigene Erfahrungen sprechen

Suche dir einen der nachfolgenden Texte aus und lies ihn.

Was aßen eigentlich die Menschen früher? – Eine Zeitreise

In der Steinzeit

Die Steinzeit begann vor über 2 Millionen Jahren und endete vor 4000 Jahren. Sie dauerte also sehr, sehr lange. Deshalb gibt es verschiedene Antworten auf die Frage nach der Nahrung von Steinzeitmenschen.

In der Altsteinzeit aßen die Menschen viel Fleisch. Wahrscheinlich zunächst das Fleisch toter Tiere, das Raubtiere übriggelassen hatten. Mit abgeschlagenen Steinen lösten die Menschen das Fleisch von den Knochen. Später lernten sie, auf die Jagd zu gehen. Das war Aufgabe der Männer.

Die Frauen sammelten Beeren, Pilze, Nüsse und Wurzeln. Feuer kannten die Menschen noch lange nicht, deshalb aßen sie alles roh.

In der Jungsteinzeit bauten sich die Menschen Behausungen. Dort hielten sie Tiere und bauten auf Äckern Getreide an. Sie sammelten immer noch Früchte, Pilze und Kräuter. Die Frauen backten Fladenbrot und kochten Brei, Mehlsuppe und Grütze. Die Männer gingen inzwischen in Wäldern auf die Jagd. Die Wälder gab es, weil sich das Klima erwärmt hatte.

Obwohl sich Steinzeitmenschen nie die Zähne putzten, hatten sie beneidenswert gute Zähne. Löcher - Fehlanzeige! Denn die Ernährung war außer süßen Früchten und manchmal Honig zuckerfrei.

Im alten Griechenland

Die Zeit der „alten Griechen“ begann vor fast dreitausend Jahren. Andere Völker nannten sie Grünzeugesser, denn die meisten Menschen in Griechenland aßen nur selten Fleisch. Das war für sie einfach zu teuer. Sie ernährten sich vor allem von Brot und Brei aus Getreide.
Ein wichtiges Lebensmittel waren Oliven, aus denen man auch Öl machte. Außerdem gab es Linsen, Bohnen, Obst, Käse und Quark.

Wenn man über einen Menschen sagte: „Der isst keine Linsen mehr“, bedeutete das: Derjenige war reich geworden und konnte sich nun Fleisch leisten. Davon gab es nicht viel. Ziegen und Schafe wurden vor allem wegen der Milch und der Wolle gehalten und nicht, um sie zu schlachten. Es gab nur wenige Wälder, in denen man Wildtiere jagen konnte. Öfter gab es Fisch zu essen. Viele Griechen lebten in der Nähe vom Meer.

Hungersnöte waren nicht selten. In dem heißen, trockenen und gebirgigen Griechenland gab es nur wenige Flächen, um Getreide und Gemüse anzubauen. Deshalb musste Getreide aus anderen Gebieten gekauft und herangeschafft werden. Das konnten sich nicht alle Menschen leisten.

Das alte Griechenland ist berühmt für seine Gastmahle, also festliche Essen, zu denen Besuch kam. An einem Gastmahl durften in dieser Zeit nur Männer teilnehmen. Vor dem Essen wuschen ihnen Sklaven Hände und Füße. Dann ließen sie sich zum Essen auf Liegen nieder.

Es gab viele verschiedene Speisen und zum Abschluss immer etwas Süßes: Obst oder kleine Kuchen. Anschließend wurde weiter Wein getrunken und über interessante Themen diskutiert.

Natürlich gab es damals noch keine Fotoapparate. Trotzdem gibt es Bilder von solchen Gastmahlen – aufgemalt auf bauchige Vasen aus der Zeit.

Im Mittelalter

Machst du eine Zeitreise tausend Jahre zurück, landest du im Mittelalter. Je nachdem ob du in einem Bauernhaus oder auf einer Burg ankommst, wirst du ganz unterschiedliche Dinge zu essen bekommen. Im Bauernhaus wirst du wahrscheinlich nicht satt werden.

Bauernfamilien ernährten sich von dem, was sie ernteten. Aber sie durften die Ernte nicht vollständig behalten. Sie beackerten das Land ihres Lehnsherrn, das war ein Adeliger, zum Beispiel ein Ritter. Ihm gehörte das Land und ihm mussten die Bauern einen Großteil ihrer Ernte abliefern: Getreide, Gemüse und Obst. Gemüse aßen die vornehmen Leute aber nur wenig. Weil es direkt am Boden wuchs, war es in ihren Augen Nahrung für das „niedere“ Volk. Grünes Gemüse galt sogar als gefährlich. Je weiter oben etwas wuchs, umso wertvoller wurde es angesehen. Das Obst, das die Bauern ernteten, durften sie deshalb nicht selbst essen, sondern mussten es abgeben. Wenn eine Ernte schlecht ausfiel, litten die Bauern große Not, denn der Lehnsherr verlangte ohne Rücksicht seinen Teil. Viele Familien lebten daher in bitterer Armut. Hunger war im Mittelalter weit verbreitet.

Brot war für alle Menschen das Hauptnahrungsmittel. Die einfachen Leute aßen dunkles, körniges Roggenbrot. Helles Weißbrot aus Weizenmehl dagegen war ein Zeichen von Wohlstand und wurde von Adeligen gegessen.

Fleisch aßen Bauern selten. Auf der Burg war es anders. Hatte ein Ritter Jagdrecht auf seinem Land, gab es für ihn und seine Familie viel Fleisch zu essen.

Mangel an Essen herrschte auf einer Burg fast nie – im Gegenteil. Wer genug hatte, wollte das auch zeigen, indem er zu großen Festessen einlud. Sie dauerten oft mehrere Tage. Dann gab es viel Fleisch: Wildschwein, Schwan, Reh, Kaninchen, Gans und Rebhuhn. Die Köche ließen sich immer wieder neue Gerichte, Füllungen für Braten und Pasteten und Dekorationen für die Speisen einfallen. Beim Kochen verwendeten sie Gewürze aus fernen Ländern wie Pfeffer, Muskatnuss oder Safran. Luxus zeigte sich auch darin, dass es Süßspeisen gab. Dazu flossen Wein, Bier und der Honigwein Met in Strömen.

Ihr gutes Essen aßen die Ritter oft mit den Händen, viele kannten noch kein Besteck. Wenn überhaupt benutzten sie Löffel und Messer, denn Gabeln galten als Teufelswerkzeug. Es wurde geschmatzt und gerülpst, und selbst wenn man einen Donnerfurz lassen wollte, verließ niemand die Tafel.

1 Stellt euch gegenseitig die Essgewohnheiten eines Zeitalters vor.

2 Welche Bedeutung hat das Fleisch für die Ernährung der Menschen? Findet passende Textstellen und erklärt sie.

› Texte erschließen: gezielt einzelne Informationen suchen
› Aussagen mit Textstellen belegen
› Texte mit eigenen Worten wiedergeben

die affen und der kokosnuss-muffin

zuerst gaffen die affen
dann blaffen die affen
dann schaffen es die affen
mir den muffin
zu klauen
gemeine affen – mein himbeer-muffin

mit den waffen der affen
gaffen klettern blaffen
schaffen es die affen
dann auch muffin zwei
an sich zu raffen
linke affen – mein schoko-muffin

die affen werfen karaffen
reiten baffe giraffen
ergattern mit affengeschrei
ohne erschlaffen
auch muffin numero drei
miese affenbande – mein streusel-muffin

wieder straffen sich die affen
sehen den muffin-ofen piff-paffen
aber schaffen's die affen?
nö! bevor sie's raffen
kann ich den letzten muffin
noch schnell vernaschen –
ha ha ihr affen!

Nils Mohl

Bluma und das Gummischlangengeheimnis

Alice ist unsere Nachbarin und wenn mich etwas bedrückt, merkt sie es sofort. Dann haben wir ein Ritual: Während Alice einen Tee kocht, darf ich mir ein Kaugummi aussuchen. Alice hat Kaugummis aus der ganzen Welt. Alice sammelt Kaugummis so wie Papa Schlümpfe. Alice sagt: „Kauen regt die Gehirntätigkeit an.“ Das stimmt.

Mit Kaugummi im Mund kann ich jede noch so schwierige Geschichte viel besser erzählen. Alice setzt sich dann zu mir, schenkt uns Tee ein und hört zu. Sie unterbricht mich nicht, macht mir keine Vorwürfe, schimpft nicht. Sie hört einfach zu. Und erst, wenn ich nichts mehr sage, stellt sie mir Fragen. Und sie sagt mir nie, was ich tun soll. Aber sie fragt so lange, bis ich weiß, was ich tun muss.

Nur wenn es sehr, sehr schlimm ist, dann hat Alice noch etwas anderes. Etwas, was sonst niemand hat: ein ganzes großes Glas voller Gummischlangen. Irre lange Schlangen, sechzig Zentimeter das Stück. Es sind Schlangen, die ihr nirgends kaufen könnt.

Das wirklich absolut Einmalige ist, dass Alices Schlangen Zauberkraft haben. Es ist ein Zauber, der wirkt so: Denke zuerst fest an dein Problem. Dann wünsche dir seine Lösung und iss die Schlange, ganz langsam, Stück für Stück. Am Ende wirst du wissen, was zu tun ist. [gekürzt]

Silke Schlichtmann

Achte beim Zuhören darauf, warum der Großvater nur einen Löffel Preiselbeeren isst.

Die Ausreißer

Dieser Großvater! Er flucht und schikaniert alle im Krankenhaus. Sein Enkel mag ihn aber trotzdem. Eines Tages hat er die strahlende Idee, mit dem Großvater auszureißen und mit ihm in sein altes Zuhause zu fahren. Endlich angekommen, muss Großvater lange auf einem Stuhl in der Küche sitzen und Atem holen.

„Soll ich nicht lieber Papa anrufen, damit er uns abholt, Großvater?“, sagte ich. „Du siehst aus, als würdest du ein Krankenhausbett brauchen.“ „Hier wird niemand angerufen, verflucht noch eins! Kapiert? Willst du alles kaputt machen? Hol Schaufel und Eimer aus dem Schuppen und grab ein paar Kartoffeln aus“, befahl er. „Und ein bisschen fix, wenn ich bitten darf!“

„Wird gemacht!“ Großvaters Kartoffelacker, den er früher so sorgfältig gepflegt hatte, war inzwischen total zugewuchert. Darum lief ich lieber zum Nachbarn und grub dort. Es klang wie eine Kirchenglocke, als ich den Blecheimer vor Großvater schüttelte. „Hier!“, sagte ich. „Hol's der Teufel!“, sagte er. „Das hätte ich nie geglaubt!“

„Jetzt hast du wieder geflucht“, sagte ich. „Dafür musst du die Kartoffeln schälen.“ Friedlich schälte er die Kartoffeln, und ich stellte sie zum Kochen auf den Herd. Dann packte ich die Fleischbällchen aus, die in der Bratpfanne gewärmt werden sollten, und schnitt noch ein paar Scheiben Brot ab.

Schließlich deckte ich den Tisch. Dann saß er endlich da, mein Großvater, am Kopfende des Tisches, genau wie früher. Großvaters Blick wanderte über den Tisch, um zu kontrollieren, dass nichts fehlte. Die Brotscheiben lagen auf ihrem Teller. Die Butter lag, wo sie liegen sollte. Die Kartoffeln dampften im Topf. Und die Fleischbällchen warteten in der Pfanne. Großvaters Bierflasche war geöffnet. Sogar Großmutter war dort, wo sie hingehörte. Ich hatte nämlich das Foto von ihr an ihren gewohnten Platz am Tisch gestellt. Nichts fehlte, soweit ich sehen konnte. „Die Preiselbeeren!“, kam es laut von Großvater. „Was?“

„Ich glaube, im Keller müsste noch ein Glas stehen. Die ganze Zeit im Krankenhaus hab ich daran gedacht. Mein lieber Junge, würdest du bitte so schnell wie möglich nachschauen?“

Was war passiert? Warum bat er mich so freundlich?

Das kam mir fast unheimlich vor. Jedenfalls lief ich zum Keller.

Großvater hatte recht. Auf einem Regal wartete ein einsames Einmachglas.

„Preiselbeeren“ stand auf dem Etikett, geschrieben in Großmutters Handschrift. Großvater sah das handgeschriebene Wort lange an, als ich zurückkam. Dann öffnete er den Deckel. „Lauf und hol mir einen Teelöffel“, sagte er dann. „Sollte es nicht ein Esslöffel sein?“, fragte ich.
„Wenn ich Teelöffel sage, meine ich Teelöffel!“
Nachdem ich Fleischbällchen und Kartoffeln aufgetan hatte, steckte ich den Löffel ins Glas. Ich hatte vor, mir eine ordentliche Portion Preiselbeeren herauszuschaufeln. Doch da nahm Großvater mir den Löffel aus der Hand und tat einen winzigen Klecks auf meinen Teller. Und dann nahm er selbst einen fast genauso kleinen.
„Was?“, sagte ich. „Mehr bekomme ich nicht?“ „Nein“, antwortete er. „Ich will, dass das Glas mein Leben lang reicht. Du kannst dir die Preiselbeeren bis zum Schluss aufheben und als Nachtisch essen. So werde ich es jedenfalls halten.“ Er warf dem Foto von Großmutter einen Blick zu.
„Deine Großmutter hat die Beeren gepflückt, sie verlesen, sie gekocht und genau die richtige Menge Zucker dazu gegeben, sie hat alles umgerührt und dann in dieses Glas geleert. Sie hat ihm ihre Zeit geschenkt. Und ihre Gedanken. Darum steckt ein Teil von ihr darin. Begreifst du das?“
Ich begriff es nicht. Aber so viel verstand ich jedenfalls, nämlich dass Großvater meinte, Großmutter sei irgendwie im Preiselbeerglas noch da. Ich konnte mir ein Lächeln nicht verkneifen.
„Was gibt's da zu grinsen?“
„Du hast kein einziges Mal geflucht, als du über die Preiselbeeren gesprochen hast.“
„Da soll mich doch ...“, sagte Großvater. Und fluchte.

[verändert, gekürzt]

Ulf Stark

1 Erkläre, warum der Großvater so sparsam mit den Preiselbeeren umgeht.

2 Gibt es ein Essen, mit dem du eine besondere Erinnerung verbindest? Erzähle.

› Inhalte zuhörend verstehen
› zenrale Aussagen eines Textes erfassen und wiedergeben
› über eigene Erfahrungen sprechen

Nudeln, Nudeln

Manchmal träumen auch Spaghettis
dass sie wären wie Konfettis
fliegen wie beim Karneval
in das Wasser mit 'nem Knall

Nudeln, Nudeln, Nudeln, Nudeln
in die Wassersprudel trudeln
bis sie werden nudelweich
in dem großen Nudelteich

Was wir heute einmal dürfen
ist dann mit Spaghettis schlürfen
zack di back und Nudelschleck
ist der Schlürfwurm plötzlich weg

Pasta Nudeln lecki schmecki
Rigatoni und Spaghetti
Limo trink und Sprudeli
wunderbare Nudeli

Nudeln, Nudeln, Nudeln, Nudeln
in die Wassersprudel trudeln
bis sie werden nudelweich
in dem großen Nudelteich

Erwin Grosche

› mit Sprache experimentell und spielerisch umgehen
› Gedichte vortragen, auch auswendig

HÄGAR DER SCHRECKLICHE von DIK BROWNE
MIST! MEIN SCHNÜR-SENKEL HAT SICH GE-LÖST.
501
Distr. by Bulls
BOING!
©2001 by King Features Syndicate, Inc. World rights reserved.
BOING!
BOING!
Boing!
BOING!
ICH HASSE ES, WENN SIE "BOCKSPRINGEN" SPIELEN!
CHRIS BROWNE 8-19

UNTER DER LUPE

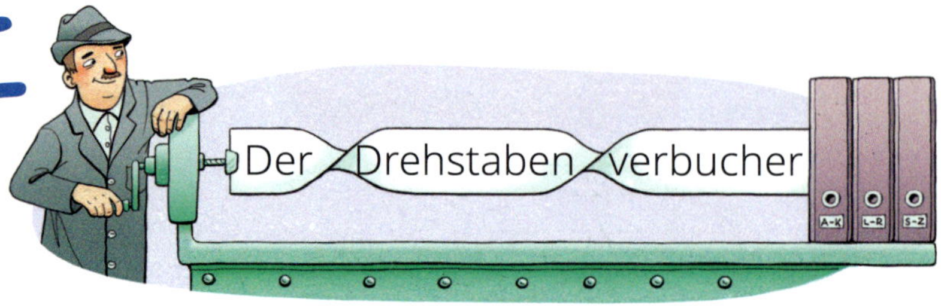

1 Wie heißen die Wörter richtig? Schreibe sie auf.

2 Denke dir selbst solche Wörter aus. Schreibe sie auf und lass sie von einem Partnerkind entschlüsseln.

› mit Sprache experimentell und spielerisch umgehen
› nach Anregungen eigene Texte schreiben

Informative Muster

Sicher sind dir schon mal quadratische Muster wie diese aufgefallen. Erfunden wurden sie 1994 in Japan. Du findest sie inzwischen zum Beispiel auf Plakaten, Verpackungen, in Schulbüchern und auf Bahnfahrkarten.

Fallen dir noch weitere Gelegenheiten ein, wo du schon mal so einem **QR-Code** begegnet bist? QR steht für **Q**uick **R**esponse, das bedeutet „schnelle Antwort“. Hinter dem Muster verbergen sich Informationen, an die du ganz rasch kommen kannst.

Mit der Kamera eines Smartphones oder eines Tablets kannst du das Muster in dein Gerät einlesen. Manche Geräte brauchen dafür eine spezielle App, einen QR-Code-Reader (QR-Code-Leser). Bei anderen reicht es, dass du mit der Kamera den QR-Code einfängst. Dann erscheinen weitere Informationen, wie zum Beispiel eine Webadresse. Die kannst du dann problemlos öffnen. QR-Codes sind sehr bequem, denn das lästige Eintippen der Webadresse fällt weg.

1 Lust auf einen gesunden Snack? Dann nutze den QR-Code auf der Seite.

Detektivwissen üben + überprüfen

Einen Text mit dem roten Faden wiedergeben

Das konntest du auf den Seiten 34/35 und 56/57 üben.
Hier kannst du weiterüben und überprüfen, ob du es kannst.

Der Backwettbewerb

Die 11-jährige Cady hatte ein magisches Talent: Sie konnte für jeden Menschen den perfekten Kuchen backen. Schon einige Backwettbewerbe hatte sie mit diesem Talent gewinnen können. Auch diesmal hatte sie ein gutes Gefühl.

„Und was für einen Kuchen wirst du heute backen?“, fragte eine große Frau mit Kochmütze. Cady schaute von ihrer Backstation auf, gerade als ein Mann ein Mehlfass vorbeirollte. Er schaufelte eine Kelle voll Mehl aus dem Fass in Cadys Mehlbehälter. Sie hustete, als der Mehlstaub aufstieg.

„Dein Kuchen“, wiederholte die Frau. Sie tippte auf das Klemmbrett in ihrer Hand. „Ich muss aufschreiben, was du backen willst.“

„Ich weiß nicht“, sagte Cady. „Normalerweise entscheide ich mich erst, wenn ich den Richter kennengelernt habe.“ Wie sollte Cady den perfekten Kuchen für den Richter backen, wenn sie nicht wusste, wer der Richter war?

Die Frau runzelte die Stirn. „Nun, die Richter werden gleich kommen, um die Kandidaten zu begrüßen.“
„*Die* Richter?“, fragte Cady.
„Man hat die Regeln seit letztem Jahr etwas verändert.
Es gibt jetzt fünf Richter."
Cadys Augen wurden groß.
„*Fünf*? Aber wie soll ich denn ...?“

Das Gesicht der Frau wurde ein wenig weicher. „Du kannst es nicht allen recht machen“, sagte sie zu Cady. „Wenn ich einen Vorschlag machen dürfte: Warum backst du nicht deinen Lieblingskuchen?“

Cady konnte sich nicht entscheiden, was sie backen sollte. Sie mischte das Backwerk zusammen und hoffte dabei ständig auf einen Funken Inspiration*. Wie im Nebel warf sie die Zutaten in eine Schüssel, wie im Nebel fuhr sie mit dem Löffel durch den Teig und wie im Nebel goss sie das traurig aussehende Gemisch in die Kuchenform. Und von Inspiration* war weit und breit nichts zu spüren.

Das Resultat war ein Apfel-Karamell-Mokka-Mohn-Kuchen. Es war nicht Cadys Lieblingskuchen, es war niemandes Lieblingskuchen. Dieser Katastrophenkuchen war eine Gaumenbeleidigung. Sie stellte den Kuchen auf der Arbeitsplatte ab. Für *fünf* Richter hatte die Magie nicht gereicht.

[verändert, gekürzt]

Lisa Graff

*Inspiration → eine Erleuchtung oder eine gute Idee für etwas Neues

1 Erzähle die Geschichte mithilfe des roten Fadens nach.

2 War dein roter Faden eine gute Hilfe und konntest du den Text in der richtigen Reihenfolge und vollständig wiedergeben?

Schätze dich ein und notiere.

Tipp
Seite 160

Kapitel 3

beobachten – verstehen – schützen

Eis in der Antarktis schmilzt: Eisbären vom Aussterben bedroht!

Die Weltklimakonferenz beschließt große Ziele für den Klimaschutz.

Die Bundesregierung unterstützt den Bau von Windrädern.

„Fridays for future“ Schüler und Schülerinnen demonstrieren in Berlin!

Deutschland wird von einer Hitzewelle heimgesucht.

Paradiesbauer

Kommt, wir wollen Bäume pflanzen,
auch Sträucher, Blumen, Hecken.
Wir wollen mit Hallodria
die Lebensgeister wecken.

Kommt, wir bauen Schattengärten
für Käfer und für Schnecken.
Wir züchten einen ganzen Wald,
wo sich die Farne recken.

Kommt, lasst uns den vielen Vögeln
neuen Nistplatz geben.
Wir pflanzen Birken, Buchen, Eichen,
und für uns alle Reben*.

Kommt, wir machen uns die Erde
ganz neu mit vielen Arten.
Wir schaffen uns ein Paradies!
Wir wolln gleich heute starten.

Franziska Röchter

*Rebe → Weinstock, an dem die Weintrauben wachsen

› sich an Gesprächen beteiligen
› mit anderen über Texte sprechen
› eigene Gedanken zu Texten entwickeln

Immer schön cool bleiben

TEAM LUPE wirbelt durchs Gartenhäuschen. Paul fährt mit dem Staubsauger herum, während Lulu und Umut die Fenster putzen. Elsa wischt den Tisch, die Kommode und die Regalbretter mit einem feuchten Lappen.

Plötzlich lässt Lulu sich aufs Sofa fallen. „Ich finde, es reicht. Sauberer kann unser Detektivbüro nicht mehr werden."

„Nur noch schnell die Kissen ausschütteln", sagt Elsa. „Und die Blätter von den Topfpflanzen abstauben."

Lulu schüttelt den Kopf. „Tu das auf gar keinen Fall!"

„Warum nicht?", fragt Elsa verwundert.

„Weil du dann viel zu viel CO_2 ausstößt. Das ist gefährlich."

Elsa fällt das Kissen aus der Hand. Paul schaltet den Staubsauger ab. Auf einmal ist es still im Gartenhäuschen. Elsa, Paul und Umut starren Lulu entgeistert an.

Dann schnippt Paul mit den Fingern. „Ich weiß, was du meinst! Lulu hat recht, Elsa. Beim Putzen strengst du dich an. Du atmest öfter aus als sonst, und dadurch erhöht sich das Gemisch aus Kohlen- und Wasserstoff in der Luft."

Umut setzt sich neben Lulu aufs Sofa. „Stimmt! Das ist wirklich gefährlich. Wir haben sowieso schon zu viel CO_2 in unserer Atmosphäre. Durch die Autoabgase und die Fabriken. Die Erde wird dadurch immer wärmer. Schon mal was vom Treibhauseffekt gehört, Elsa?"

„Ja, schon, aber …"

Lulu redet schnell weiter: „Also, wenn die Sonne auf die Erde scheint, strahlt die Erde normalerweise einen Teil der Wärme wieder ins All ab. Aber das funktioniert immer schlechter, weil die CO_2-Schicht zu groß ist."

Elsa stellt sich auf einen Stuhl und rudert mit den Armen. „Stopp! Ich habe euch durchschaut. Ihr habt keine Lust mehr zu putzen."

Lulu, Paul und Umut sehen sich an. Dann prusten sie gleichzeitig los. Elsa schafft es noch drei Sekunden, ernst zu bleiben. Dann lacht sie auch mit.

„Danke für eure tolle Arbeit", bedankt sich Elsa. „Es hat sich gelohnt. Ich habe übrigens noch eine Überraschung für euch, im Garten."

Schnell ziehen alle ihre Jacken und Schuhe an und gehen raus. Elsa hat gestern bei einem Beet die Erde aufgelockert. Auch reifen Kompost hat sie schon großzügig verteilt und mit der Harke in den Boden eingearbeitet.

„Wollen wir zusammen Radieschen säen?“, fragt Elsa. „Die wachsen auch noch im Herbst.“

„Super Idee“, sagt Lulu. „Damit tun wir auch gleich was für unser Klima. Pflanzen binden CO_2, das sie in Sauerstoff und Zucker umwandeln.“

Umut reibt sich den Bauch. „Und wir tun was dafür, damit wir immer leckere Radieschen zum Pausenbrot haben.“

Paul kann es kaum erwarten loszulegen. Er schnappt sich die Harke und zieht damit zwei Rillen im Beet. Elsa macht das Tütchen mit den Radieschen-Samen auf. Lulu, Umut und Elsa legen die Samenkörner einzeln in die beiden Rillen. Danach schließt Paul mit der Harke die Rillen. Umut holt die Gießkanne, die schon mit Wasser gefüllt ist.

„Du darfst ruhig gründlich gießen“, sagt Elsa. Sie steckt das kleine Schild in die Erde, auf der die roten Radieschen abgebildet sind.

„Wollen wir noch was aussäen?“, fragt sie in die Runde. „Im Beet ist noch etwas Platz.“

Lulu, Paul und Umut tuscheln kurz miteinander. Dann sagt Umut: „Lasst uns lieber chillen, dann stoßen wir nicht so viel CO_2 aus.“

Elsa grinst. „Schon klar. Kommt rein, ihr Faultiere.“

Henriette Wich

› altersgemäße Texte sinnentnehmend lesen
› sich in eine Rolle hineinversetzen und sie gestalten

Die Grünen Piraten – Anschlag auf die Baumriesen

Die fünf gingen zusammen zur Schule: Ben, Flora, Pauline, Jannik und Lennart. Vor einiger Zeit hatten sie die *Grünen Piraten* gegründet. Eine geheime Bande, die sich immer dann einmischte, wenn es um Umweltverschmutzung oder bedrohte Tiere ging. „Kommt mit.“ Lennart winkte die anderen hinter den Strauch. „Tadaaa!“ Er deutete auf das kleine Fluggerät, das auf seiner Jacke gelandet war, die er im Gras ausgebreitet hatte. „Der Wahnsinn, oder?“ „Seit wann hast du überhaupt eine Drohne?“, fragte Pauline und musterte das kleine, vierbeinige Fluggerät, das Lennart jetzt behutsam hochnahm. Er griff nach der Steuerung und drückte einen Knopf. Schon hob das insektenähnliche Ding ab und schwirrte durch die Luft. Die Kinder konnten den Flug aus der Vogelperspektive live verfolgen, denn die Bilder der kleinen Kamera unter der Drohne wurden direkt auf das Display übertragen. „He, was ist das?!“, rief Ben plötzlich und deutete auf das kleine Display.

Ein schwarzer Kleinbus war in das Blickfeld der Drohnen-Kamera geraten. Ein Stück davon entfernt liefen zwei schwer bepackte Gestalten über die Wiese. „Was machen die denn da?“ Pauline beugte sich über den Bildschirm. „Kannst du da mal näher ranfliegen?“
Es waren zwei Männer, einer trug Jeans und einen Kapuzenpulli in Tarnfarbe, der andere war glatzköpfig und ganz in Schwarz gekleidet. Der Tarnfarbene zog jetzt ein längliches Gerät aus einer Tasche und baute es umständlich auf, während der andere mit großen Schritten weiterlief.
Dann stoppte er plötzlich und rammte einen Stab in den Boden. „Was hat der denn da in der Hand?“, flüsterte Flora aufgeregt. Lennart steuerte seinen Quadrocopter noch ein weiteres Stück in Richtung der beiden Männer. „Näher ran kann ich nicht. Sonst hören die uns“, erklärte er.

Aber da hatte Lennart sich verschätzt, die Drohne war den Männern schon zu nahe gekommen, der Mann mit der Tasche hielt inne und lauschte. „Mist“, zischte Lennart und ging auf langsamen Rückwärtsflug.

Zu spät, der Kapuzenträger hatte den kleinen, sirrenden Punkt am Himmel entdeckt und winkte aufgeregt seinem Kollegen. Der zögerte nur den Bruchteil einer Sekunde, dann spurtete er los. Direkt auf die kleine Drohne zu.

„Hol das Teil zurück“, keuchte Ben. „Versuch, die Drohne auf dem Haus von Frau Schlüter zu landen“, schlug Jannik vor. „Das ist nicht mehr weit.“ Endlich hatte die Drohne Frau Schlüters Haus erreicht. Lennart bremste ab und steuerte auf den Schornstein zu. Ganz langsam sank der kleine, fliegende Punkt herab und landete auf der Kamin-Abdeckung. Sofort schaltete Lennart die Rotoren aus. Die Freunde verharrten reglos im Gebüsch und warteten. Es dauerte gar nicht lange, dann stapften die Männer an ihnen vorbei in die Richtung, in der sie den Bus und ihre Gerätschaften zurückgelassen hatten.

„Das war knapp, Leute. Wenn die uns in die Finger bekommen hätten ...“, sagte Jannik. Flora nickte. „Die waren echt wütend!“ „Und das bestimmt nicht nur, weil wir sie mit der Drohne beobachtet haben“, schnaubte Ben. „Was hatten die da im Naturschutzgebiet überhaupt zu suchen? Da stimmt doch was nicht.“ [verändert, gekürzt]

Andrea Poßberg

1 Wie gelingt es Lennart, die Gefahr abzuwenden? Erzähle.

2 Erzähle die Geschichte mithilfe des roten Fadens nach.

Tipp
Seite 160

3 Überlege dir drei Fragen zum Inhalt des Textes. Schreibe deine Fragen mit den Antworten auf.

Zwei sind besser als einer

Zwei sind besser als einer – und das stimmt wirklich! Kein Wunder, dass viele Pflanzen und Tiere eine Möglichkeit gefunden haben, sich gegenseitig zu helfen. Dafür gibt es unzählige Beispiele im Meer, auf dem Festland und sogar unter der Erde!

Zebras & Madenhacker

(Hautarzt für Tiere)

Menschen gehen zu einem Hautarzt, wenn sie eine unangenehme Hautkrankheit haben. Tiere in den Savannen Afrikas haben auch so einen Arzt – und es besteht eine rege Nachfrage nach ihm! Es ist kein anderer als ein kleiner Vogel namens **Madenhacker.** Wenn sich **Steppenzebras** von ihrer besten Seite zeigen wollen, nutzen sie die Dienste der Madenhacker, die alle lästigen Insekten aus ihrem Fell picken. Die schmecken dem Madenhacker hervorragend. Sein Schnabel ist ein großartiges Werkzeug zur Pflege aller möglichen Tierfelle. Zu seinen Kunden gehören auch Giraffen, Büffel, Nashörner und sogar Flusspferde. Alle stehen vollkommen regungslos da, damit sie den kleinen Vogel nicht bei der Arbeit stören. Was für vorbildliche Patienten!

Ameisen & Blattläuse

(Kluge Brüter)

Ameisen sind fleißige Tiere, die sich ihre Arbeit aufteilen, damit so viel wie möglich geschafft wird. Außerdem sind sie sehr stark und tragen Lasten, die manchmal viel schwerer als sie selbst sind. **Blattläuse** fallen über eine Pflanze her und saugen den zuckerhaltigen Saft aus ihr heraus, was dazu führt, dass die Pflanze verwelkt. Es ist so viel Saft, dass die Blattläuse nicht alles aufessen können, daher sondern sie den Überschuss wieder ab. Kein Wunder, dass die Ameisen diese wandelnden Leckerbissen sofort bemerken! Sie sind wahre Feinschmecker. Sie müssen nur zu einer Blattlaus marschieren und mit einem Fühler auf ihren Hintern klopfen: Schon ist die süße Delikatesse da!

Antilopen & Paviane

(Ein wachsames Duo)

Während **Antilopen** friedlich grasen, sitzen überall um sie herum **Paviane.** Plötzlich werden die Tiere unruhig. Nähert sich ein Raubtier, das auf der Suche nach seinem Mittagessen ist? Schließlich wimmelt es in den Savannen von Afrika nur so von Löwen, Hyänen und Leoparden. Daher ist es überlebenswichtig, immer und überall auf der Hut zu sein! Antilopen und Paviane leben zusammen, weil sie so besser vor Gefahren geschützt sind.
Antilopen haben ein großartiges Gehör und können ihre Ohren in alle Richtungen drehen und Paviane sind aufmerksame Beobachter. Wenn Gefahr droht, warnen sie sich gegenseitig durch verschiedene Laute, Gerüche oder Gesten. Das ist wichtig, denn schließlich werden beide von denselben Raubtierarten gejagt. [gekürzt]

Pavla Hanáčková

1 Welche tierische „Arbeitsgemeinschaft“ hat dir am besten gefallen? Erzähle.

2 Erarbeitet den Text in der Gruppe. Wechselt nach jedem Abschnitt die Aufgaben in der Gruppe.

Tipp
Seite 162

3 Was hat das Fremdwort „Symbiose“ mit dem Text zu tun? Recherchiere und erkläre.

› Texte erschließen: gezielt einzelne Informationen suchen
› Aussagen mit Textstellen belegen
› Informationen im Internet suchen

Klimawandel auf unserer Erde

Seit vielen Millionen Jahren gibt es sie schon, unsere Erde. In dieser langen Zeit hat sie sich oft verändert. Die Erde war einmal ganz mit Lava und einmal ganz mit Schnee und Eis bedeckt. Auch die Luftschicht um die Erde blieb nicht dieselbe. Es hat eine Zeit gegeben, in der sie viel mehr Sauerstoff als jetzt enthielt, aber auch eine Zeit, in der es überhaupt keinen Sauerstoff in der Luft gab.

Anders als beim Wetter, das man ja täglich beobachten kann, vollzieht sich der Wandel im Klima über viele, viele Jahre und Jahrhunderte.

Als Klima bezeichnet man also das Wetter, das an einem Ort über eine lange Zeit hinweg häufig herrscht.

Suche dir einen der nachfolgenden Texte aus und lies ihn.

Die Erforschung des Klimas

Das Klima verändert sich in einem ganz langen Zeitraum, sodass der einzelne Mensch den Wandel kaum beobachten kann.

Doch vor mehr als 100 Jahren haben Wissenschaftler und Wissenschaftlerinnen angefangen, Daten über das Klima zu sammeln. Sie notierten, wie warm oder kalt es im Jahr an bestimmten Orten war, wann und wie oft es regnete oder schneite.

Woher wissen wir aber, wie warm oder kalt, feucht oder trocken es vor mehreren hundert oder tausend Jahren war?

Um das herauszufinden, setzen Wissenschaftler und Wissenschaftlerinnen besondere Methoden ein, zum Beispiel tiefe Bohrungen in der Erde oder im Eis.

Am Südpol ist das Eis viele tausend Jahre alt. Jahr für Jahr lagert sich an der Oberfläche eine Schicht Schnee ab, die im Laufe der Zeit von vielen weiteren Schneeschichten bedeckt und zu Eis wird. Luftblasen, Staub und viele andere Dinge bleiben dabei im Eis für immer eingeschlossen.

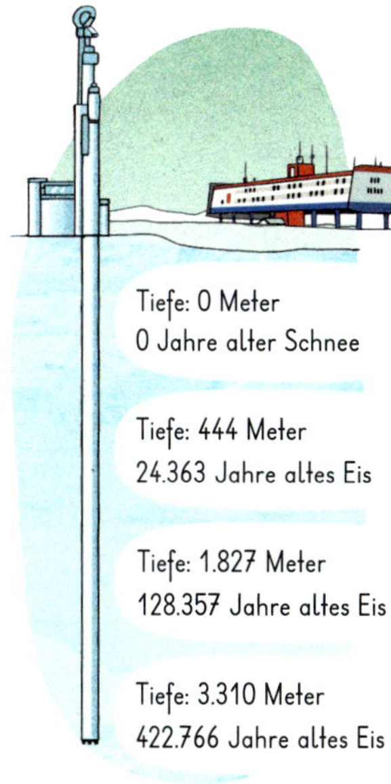

Forscherinnen und Forscher bohren mehr als 3000 Meter tiefe Löcher und ziehen lange Eisstücke heraus. Die Untersuchung der darin enthaltenen Luftbläschen verrät dann viel über das Klima zu der Zeit, als der Schnee gefallen ist. So können die Wissenschaftler und Wissenschaftlerinnen zum Beispiel beweisen, dass die Temperatur auf der Erde etwa 900 Jahre lang gleich geblieben ist. In den letzten 100 Jahren aber hat sich die Luft schneller als jemals zuvor erwärmt.

Die Lufthülle der Erde

Die Erde ist von einer Lufthülle umgeben, die man ***Atmosphäre*** nennt. In der Atmosphäre befinden sich verschiedene Gase, zum Beispiel Sauerstoff. Ohne ihn könnten wir nicht leben. Andere Gase halten die Wärme zurück, die der erwärmte Erdboden in die Luft schickt. Die Wärme von der Sonne kommt durch das Glas hinein, aber nicht wieder heraus. Wie bei einem Gewächshaus oder Treibhaus im Garten. Diese Gase nennt man auch Treibhausgase.

Eines der wichtigsten Treibhausgase in der Luft ist ***Kohlendioxid,*** auch kurz CO_2 genannt. Es entsteht immer dann, wenn etwas verbrannt wird. In der Natur beispielsweise bei Waldbränden oder Vulkanausbrüchen. Das nennt man den **natürlichen Treibhauseffekt.** Diese Gase sind wichtig für das Leben auf der Erde. Ohne sie wäre es so kalt wie in einer Tiefkühltruhe: nämlich nur etwa -18 Grad. Das hat die Natur gut eingerichtet. Aber die vielen Menschen auf der Erde produzieren immer mehr CO_2 in der Luft. Kraftwerke, große Fabriken, Autos, Flugzeuge, Fernseher, Computer und Handys – alles, was sich bewegt oder etwas tut, braucht Energie. Und diese Energie gewinnt man, wenn bestimmte Stoffe verbrannt werden wie zum Beispiel Erdöl, Erdgas oder Kohle. Das ist der vom **Menschen gemachte Treibhauseffekt.**

Diese Verbrennungen sorgen für immer mehr Treibhausgase in der Luft und die Erde erwärmt sich immer mehr.

Der Schutz des Klimas

7,5 Milliarden Menschen leben auf unserer Erde und es werden in Zukunft immer mehr. Alle zusammen verbrauchen sehr viel Energie: Energie für Heizung und Strom, Energie für Autos oder Energie für die Herstellung all der Produkte, die wir im täglichen Leben brauchen. Der größte Teil davon wird durch Verbrennung von Kohle, Erdgas und Erdöl erzeugt. Und diese Verbrennung sorgt für mehr CO_2 in der Luft. Zu viel CO_2 ist nicht nur für die Atemluft ungesund, sondern sorgt auch dafür, dass es immer wärmer wird auf unserem Planeten.
Die Folgen kann man schon jetzt beobachten: extreme Wetterereignisse auf der ganzen Welt, schwere Gewitter, große Überschwemmungen oder lang anhaltende Hitzewellen.

› zentrale Aussagen des Textes erfassen und wiedergeben

Der Schutz des Klimas ist also eine Angelegenheit für die ganze Welt. Denn das ist sicher: Damit wir alle auch in Zukunft gesund und glücklich leben können, müssen wir heute etwas ändern. Wir müssen Energiequellen nutzen, die weniger umweltverschmutzend sind und die es immer geben wird. Und davon gibt es eine ganze Menge: die Sonne, der Wind, das Wasser, Pflanzen und die Erdwärme.

Im Gegensatz zu Kohle und Erdöl sind diese Quellen CO_2-frei und können nie aufgebraucht werden. Expertinnen und Exeperten nennen sie deshalb auch erneuerbare Energien.

Regelmäßig treffen sich deshalb Politiker und Politikerinnen mit Wissenschaftlerinnen und Wissenschaftlern aus sehr vielen Ländern, um gemeinsam über Maßnahmen zum Klimaschutz zu beraten. Gleichermaßen ist es wichtig, Energie zu sparen. Und das kann jeder Einzelne von uns. [verändert, gekürzt]

Marc ter Horst

1 Tausche dich mit Kindern aus, die denselben Text gelesen haben. Was wusstet ihr bereits? Was ist neu für euch?

2 Beratet in der Gruppe, wie ihr mithilfe der Bilder die wichtigsten Informationen aus eurem Text erklären könnt.

3 Präsentiert den anderen Gruppen eure Ergebnisse.

Tipp Seite 162

› über Lernergebnisse sprechen und andere in ihrem Lernprozess unterstützen
› Lernergebnisse präsentieren und dabei Fachbegriffe nutzen

Nur ein Grad wärmer

Die Erderwärmung verändert auch die Lebensräume vieler Tierarten. Nur ein Grad wärmer – das kann große Auswirkungen auf das Leben von Tieren haben.

Der Eisbär lebt in der Arktis. Er verliert durch die Erderwärmung seine Jagdgebiete und den Weg zu einer Partnerin. Wenn es wärmer wird, dann schmilzt das Packeis früher und stärker ab. Die Zeit, in der sich der Eisbär eine Fettschicht anfressen kann, wird knapper. Auch zur Paarungszeit kommt der Eisbär ins Schwitzen. Um Partnerinnen anzulocken, hinterlassen die weißen Riesen über ihre Tatzen Duftsignale im Schnee. Schmilzt dieser, wird die Duftspur unterbrochen. Die Bären kommen so nicht zueinander und hinterlassen weniger Nachwuchs.

Die Hummel ist überall auf der Welt zu Hause. Die meisten Arten leben in Europa, Amerika und Asien. Die Hummel verliert durch die Erderwärmung ihre „Triebwerke“. Wenn es wärmer wird und ihre Flügel sich auf 44 Grad erhitzen, kann die Hummel nicht mehr fliegen. Weiter nördlich wäre es zwar kühler, aber dort ist die Landschaft nicht abwechslungsreich genug. Daher ist der Lebensraum der Hummel in Europa und den USA bereits erheblich geschrumpft.

Der Kabeljau ist ein Fisch und zu Hause in der Nord- und Ostsee. Er verliert durch die Erderwärmung kräftige Jungtiere. Wenn es wärmer wird, erhöht sich auch die Wassertemperatur. Die Kabeljaue laichen* deshalb früher als gewöhnlich. Doch dann finden die Jungtiere noch nicht genug zu fressen. Sie wachsen nur langsam und sterben früh. Die Fischschwärme in Nord- und Ostsee flüchten deshalb immer weiter in den Norden, wo das Wasser kühler ist.

Der Schneeleopard lebt in den Hochgebirgen, zum Beispiel im Himalaya in Indien. Schneeleoparden streifen oberhalb der Baumgrenze umher. Von dort können sie ihre Beute oder ihre Feinde frühzeitig entdecken. Durch die Erderwärmung verliert der Schneeleopard sehr viel Lebensraum. Wenn es wärmer wird, dann verschiebt sich die Baumgrenze weiter nach oben. Die Wälder erstrecken sich nun auf Höhen, auf denen es vorher karg und felsig war. Für den Schneeleoparden heißt das: noch weiter hinaufziehen – um alles im Blick zu behalten. [gekürzt]

Marie Blöcher

*laichen → Eier ablegen

Achte beim Zuhören darauf, welche Vorstellung Frau Hux von einem Garten hat, der ihr gefällt.

Henrikes Dachgarten

Ein Mädchen von zwölf Jahren stand auf dem flachen Dach eines Wohnhauses und neben dem Mädchen kniete ein ungewöhnlich großer und schwerer Mann. Die beiden betrachteten ein Stückchen Moos, nicht größer als ein Puppenkissen. Winterstürme hatten morsche Zweige, fauliges Laub und Hüllen toter Insekten zusammengeweht. Auf diesen Resten des alten Jahres hatte nun der Frühling ein Moosbeet angelegt.

„Wir wollen diesen grünen Hügel *Henrikes Dachgarten* nennen", sagte der Mann.
„Und wir wollen Blumensamen in das Moos streuen", sagte das Mädchen.
Der Mann und das Mädchen waren Henne und Henrike. Nachdem der Dachdecker Henne ein Hügelchen Moos *Henrikes Dachgarten* genannt hatte, begannen die wundersamen Ereignisse auf dem Dach der *Krummen Sieben. Krumme Sieben*, so sagten die Leute zur Krumme Gasse Nummer sieben.

Hoch oben im Dachsteingebirge blühte und zwitscherte und duftete Henrikes Dachgarten. Und es sprach sich herum, dass das ein ganz besonders guter Ort war. Davon hörte auch die Dame Hux aus dem zweiten Stock. Diese Frau Hux schlich mit ihrem Besen herum, schnüffelte in den Ecken, wollte alles wissen, alles kontrollieren, überall nach dem Rechten sehen. Die Dame Hux hörte also viel Lob über Henrikes Dachgarten. Das ärgerte sie. Da war etwas im Gange und sie, die Hux, war nicht dabei. Das war ihr unerträglich. Sie wollte nicht nur das Haus, sie wollte auch das Dach beherrschen.

Eines Tages lauerte die Huxen am Fenster, bis Henrike durch die Krumme Gasse zur Schule ging. Sie schlich mit dem Besen in der Hand und einer Heckenschere im Gürtel die Treppe hinauf zum Wäscheboden. Sie schlich zur eisernen Feuertür zum Flachdach, legte ein Ohr an das rostige Blech und lauschte.
Nur ein leichter Wind sang durch einen Spalt.
Die Tür kreischte.
Dann schwieg die Tür und Frau Hux kreischte: „Unerhört!"

› lebendige Vorstellungen beim Hören literarischer Texte entwickeln

Was sie sah und was andere mächtig anzog, nämlich Henrikes Dachgarten, das war für Frau Hux abstoßend, das brachte sie in Wut.

„Schimpf und Schande, Wildnis nagt am Abendlande!
Schreck und Graus! Ein Dschungel schluckt das Haus!
Verflixt, verflext, verfluxt! Jetzt wird hier gehuxt!“

Frau Hux zog die Gartenschere wie ein Schwert aus dem Gürtel. Sie stürzte sich mit Besen und Schere auf Henrikes Garten. Sie wollte den Garten stutzen und putzen, bis alles schnurgerade, krümelfrei und besenrein wie ihre gute Stube war. Voller Tatendrang schritt Frau Hux auf den Dachgarten zu. Zwei junge Birken standen da, durchsonnt und anmutig. Und wie Haar wehten die weich hängenden Zweige. „Ha!“, sagte die Hux. „Mit euch zwei Hübschen fange ich an. Euch verpasse ich eine neue Frisur, einen strengen Bubikopf werde ich euch schneiden.

Einmal schnipp und einmal schnapp!
Die langen Loden müssen ab.“

Und sie klapperte im Dreivierteltakt mit der Gartenschere. Doch plötzlich stand da, wie aus dem Boden gewachsen, ein Kerl mit mächtigen Schultern und einem prächtigen Bauch. Wortlos hob der starke Kerl eine schaufelgroße Hand und hielt die Pranke, nach oben geöffnet, der Dame Hux entgegen. Wortlos legte die Dame Hux die Gartenschere in die Pranke. Wortlos wurde das Gerät zu einer Brezel umgeformt, als wäre der scharfe Stahl aus Teig. Mit einer Verbeugung überreichte der Brezelbieger das umgestaltete Werkzeug der Dame Hux.

„Ja, Frau Hux, hier oben weht ein anderer Wind. Hier gibt es Leute, die tauchen auf und verschwinden geheimnisvoll und lassen sich nicht stutzen und putzen.“ [verändert, gekürzt]

Albert Wendt

1 Welche Vorstellung hat Frau Hux von einem Garten, der ihr gefällt? Erzähle.

Tipp **Seite 164**

2 Stell dir vor, du müsstest Frau Hux jemandem vorstellen. Beschreibe sie.

› Inhalte zuhörend verstehen
› gezielt einzelne Informationen suchen
› Perspektiven einnehmen

Die Made

Hinter eines Baumes Rinde
wohnt die Made mit dem Kinde.

Sie ist Witwe, denn der Gatte,
den sie hatte, fiel vom Blatte.
Diente so auf diese Weise
einer Ameise als Speise.

Eines Morgens sprach die Made:
„Liebes Kind, ich sehe grade,
drüben gibt es frischen Kohl,
den ich hol. So leb denn wohl!
Halt, noch eins! Denk, was geschah,
geh nicht aus, denk an Papa!“

Also sprach sie und entwich. –
Made junior aber schlich
hinterdrein; doch das war schlecht!

Denn schon kam ein bunter Specht
und verschlang die kleine fade
Made ohne Gnade. Schade!

Hinter eines Baumes Rinde
ruft die Made nach dem Kinde.

Heinz Ehrhardt

› lebendige Vorstellungen beim Lesen literarischer Texte entwickeln

Hilfe

Ein Eisbär schrieb im Internet:
Suche Freundin, bin sehr nett.
Habe leider gar kein Geld,
wohne hier am Arsch der Welt,
ohne Heizung, ohne Haus,
sehe nicht besonders aus,
sitz auf einem Floß aus Eis,
kaum erkennbar, bin ja weiß.
Um mich rum ist alles nass,
echt, so langsam nervt mich das!
Wäre schön, ich hätte *dich*!
HILFE! BITTE FINDE MICH!
Mein Floß wird kleiner und treibt ab,
der Akku macht so langsam schlapp.
Weiterschreiben wird wohl schwer,
Mein PC fällt grad ins –

Salah Naoura

› lebendige Vorstellungen beim Lesen literarischer Texte entwickeln

UNTER DER LUPE

Merkwürdiger Empfang

Das Ka-mel-det: Er ist da!
Die Schwal-be-grüßt mich mit: Hallo!
Der Kabel-jau-chzt: Hurra!
Und der U-hu-stet auf dem Klo.

Der Ele-fant-asiert im Traum.
Die Natt-er-zählt mir ein Gedicht.
Der Kaka-du-ftet heute kaum.
Und auch die Giraf-fe-hlt heut nicht.

Das Kängu-ru-ht in meinem Arm.
Der Papa-gei-stert durch die Nacht.
Ihm ist eiskalt. Und mir wird warm –
... und dann bin ich aufgewacht.

Manfred Schlüter

1 Vervollständige die Sätze und schreibe sie in dein Heft.
Der Goril-la-ngweilt sich auf seinem Baum.

Die En-te-

Die Libel-le-

Die Flie-ge-

Der Hum-mer-

Der Ad-ler-

Die Antilo-pe-

› nach Anregungen eigene Texte schreiben
› mit Sprache experimentell und spielerisch umgehen
› sprachliche Operationen nutzen

Fake News – Gefälschte Nachrichten

Nanu? Du sitzt am Computer und reibst dir die Augen. Stimmt das oder ist das eine Fake News?

Sprich: Fäik Nius

Fake News ist englisch und heißt übersetzt „gefälschte Nachricht“. Solche Lügenmärchen werden häufig erfunden, um jemanden zu schaden oder um daran zu verdienen. Wenn eine Meldung oder ein Video im Internet oft angeklickt wird, bekommen die Betreiber der Webseite Geld. Und weil jeder mithilfe des Internets Videos und Meldungen mit einem Klick weiterleiten kann, verbreiten sich Nachrichten sehr schnell. Sie sind meist schon nach wenigen Sekunden oder Minuten weltweit online verfügbar. Doch nicht alle Meldungen, die du im Internet findest, stimmen. Denn: Jeder kann hier etwas veröffentlichen – und gezielte Fake News streuen. Sei deshalb immer kritisch und wachsam bei allem, was du im Internet liest, siehst und hörst. Übrigens: Die Meldung mit der sechsköpfigen Katze ist – na, klar! – erstunken und erlogen. [gekürzt]

Andrea Schwendemann

Detektivwissen üben + überprüfen

Einen schwierigen Text in Gruppen erarbeiten

Das konntest du auf den Seiten 56–63 üben.
Hier kannst du weiter üben und überprüfen, ob du es kannst.

Was killte die Dinos?

Vor etwa 230 Millionen Jahren brach auf der Erde das Zeitalter der Dinosaurier an. In allerlei Arten und Größen stampften, trippelten und flogen die Dinos über die Erde. Aber dann vor 66 Millionen Jahren starben die Dinos aus.
Was das mit dem Klima zu tun hat? Mehr als ihr denkt. Die meisten Wissenschaftler meinen, das lag an einem riesigen Stein, der aus dem Weltraum auf die Erde fiel. In Mexiko hat man einen Krater entdeckt, dessen Ausdehnung so groß ist wie Mecklenburg-Vorpommern. Dieser Krater muss von einem Meteoriten mit einem Durchmesser von 10–15 Kilometern verursacht worden sein.

Die Dinos starben nicht, weil sie von diesem riesigen Felsbrocken erschlagen wurden. Das heißt, ein paar Dinos vielleicht schon, die zufällig zur falschen Zeit am falschen Ort waren. Aber immerhin mussten sie die fürchterlichen Folgen des Einschlages nicht mehr miterleben.
Denn man kann schon sagen, dass der Meteorit eine Menge Staub aufgewirbelt hat. Jahrelang blieb die Sonne verdunkelt. Dadurch wurde es für Pflanzen schwer, denn die brauchen das Sonnenlicht zum Überleben. Weil viele Pflanzen verkümmerten, starben auch die pflanzenfressenden Dinos, weil sie keine Nahrung mehr hatten. Und als die fleischfressenden Dinosaurier den letzten pflanzenfressenden Dino verspeist hatten, gingen auch sie zugrunde.

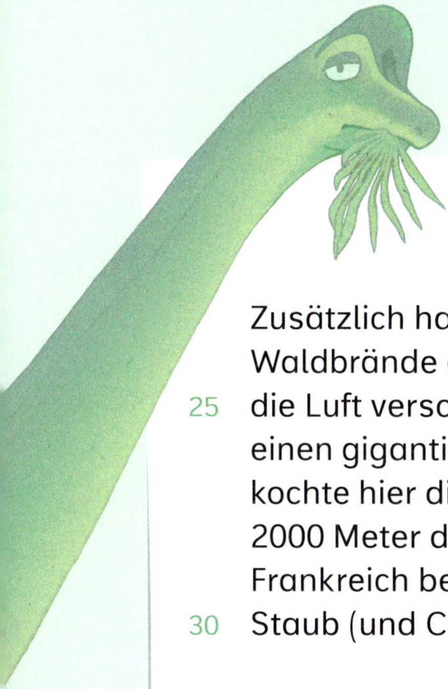

Zusätzlich hat der Meteoriteneinschlag wahrscheinlich große Waldbrände ausgelöst, die den Dinos die Nahrung nahmen und die Luft verschmutzten. Und dann gab es in dieser Zeit auch noch einen gigantischen Vulkanausbruch in Indien. Millionen Jahre lang kochte hier die Lava an die Erdoberfläche. Am Ende war eine 2000 Meter dicke Schicht entstanden, die ein Gebiet so groß wie Frankreich bedeckte. Der Vulkan pumpte eine riesengroße Menge Staub (und CO_2) in die Luft, die die Sonne verdunkelte.

Ihr seht, dass es viele Dinge gibt, die einen Einfluss auf das Klima haben. Meteoriten, Waldbrände und Vulkane sorgen für mehr CO_2 in der Atmosphäre. Das heizt die Erde auf und lässt Pflanzen absterben und mit ihnen auch andere Lebewesen. Die Dinos haben das am eigenen Leib erfahren. Sie bekamen es mit großen Naturkatastrophen zu tun, die das damalige Klima stark beeinflusst haben und ihr Überleben unmöglich machte. [gekürzt]

Marc ter Horst

1 Erarbeitet den Text in der Gruppe. Wechselt nach jedem Abschnitt die Aufgaben in der Gruppe.

Schätzt euch ein und notiert.

Tipp Seite 162

› gezielt einzelne Informationen suchen
› Texte genau lesen
› sich und andere kompetenzorientiert einschätzen

Kapitel 4

haben – wünschen – brauchen

Glückwünsche

Alles Übel wünsch ich dir
fern vom Leibe – glaube mir.
Alles Unglück treffe dich
niemals – und vergiss mich nicht.

Anonym

Zufriedenheit

Stille ist. Nur der Regenwurm schleicht.
Das reicht!

Ronald Glomb

Wünsche von Kindern

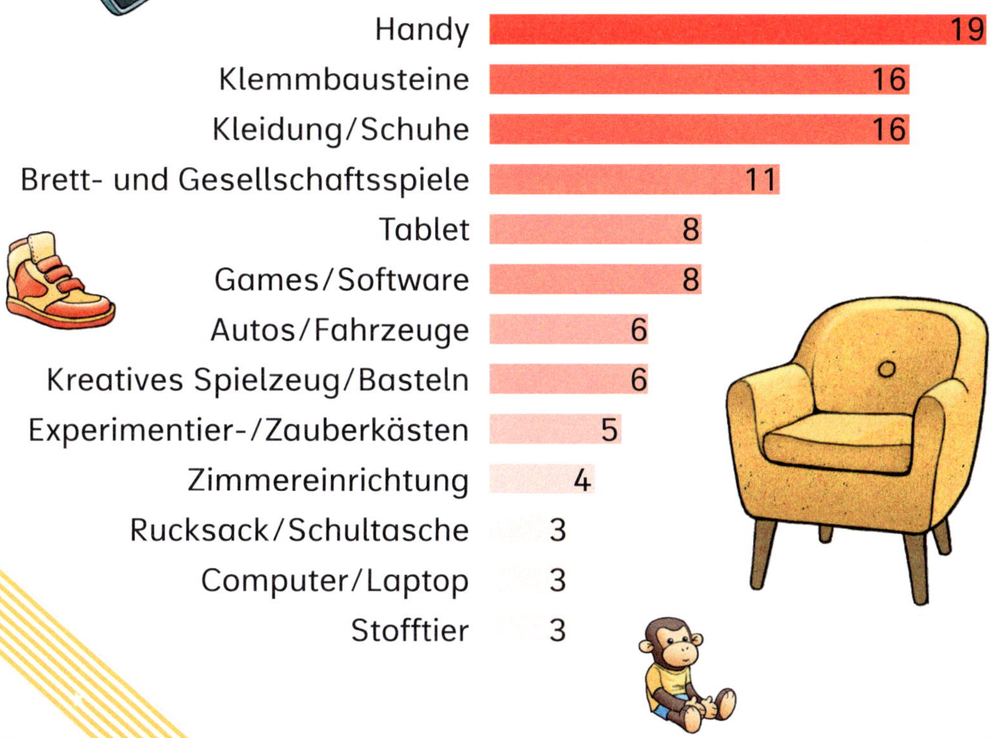

Ein ganz geheimer Wunsch

Heute trifft sich TEAM LUPE bei Paul. Sie sitzen auf dem Teppich und futtern Popcorn. Umut entdeckt neben dem Sofa einen Stapel alter Comichefte. Er blättert darin und fragt Paul, ob er sie haben könnte. Paul zögert. „Ich wollte die Hefte eigentlich beim Flohmarkt an unserer Schule verkaufen."

„Ach so, stimmt", fällt Umut ein. „Nächste Woche ist ja wieder die Spendenaktion für Geflüchtete. Verkauf die Hefte ruhig, Paul. Die Aktion sollte man unterstützen."

Elsa und Lulu haben zu Hause auch schon Sachen gesammelt, die sie nicht mehr brauchen: Spielzeug, Bücher und so weiter.

Lulu pflückt zwei Popcorn von ihrer Hose. „Frau Bertram hat übrigens gesagt, dass wir auch Kleider mitbringen können."

Da hat Paul eine Idee. „Bei uns in der Abstellkammer sind ein paar Kartons mit alten Kleidern. Papa wollte sie schon längst in die Altkleidersammlung bringen."

„Hey Leute!", ruft Elsa. „Wir könnten doch zusammen für den Flohmarkt stöbern. Habt ihr Lust?"

Alle sind begeistert. Paul will nur kurz seinem Vater Bescheid geben. Elsa, Umut und Lulu gehen schon mal vor. In der Abstellkammer sind nicht nur Kleiderkartons gestapelt. Dort stehen auch ein altes Schaukelpferd, eine Eisenbahn und eine Kiste mit Spielsachen.

Lulu nimmt eine blaue, runde Dose in die Hand. Neugierig macht Lulu sie auf. Darin sind bunte Knöpfe, Steine, Muscheln und ein Zettel. Darauf steht: *„Mein größter Wunsch: ein Selbstverteidigungskurs."*

Elsa murmelt: „Das wünscht sich Paul? Davon hat er uns nie erzählt."

„Vielleicht ist es ein ganz geheimer Wunsch", überlegt Umut. „Sonst hätte er ihn nicht in der blauen Dose versteckt."

Da hören sie das Sirren der Rolliräder. Lulu macht die Dose schnell wieder zu und legt sie zurück in die Kiste.

„Papa will gleich mit mir zum Tischtennis", sagt Paul. „Könnt ihr morgen noch mal vorbeikommen?"

Lulu lächelt. „Alles klar, kein Problem. Ich muss sowieso heim. Es ist schon spät." Lulu wirft Elsa und Umut einen kurzen Blick zu.

Umut räuspert sich. „Ja, stimmt. Ich muss auch los."

Und Elsa schließt sich an.

Am nächsten Nachmittag kommen Lulu, Umut und Elsa in Trainingshosen und T-Shirts.

„Überraschung!", rufen sie Paul entgegen. „Heute machen wir Selbstverteidigung."

Lulu und Elsa rollen zwei Matten auf dem Teppich aus.

Umut setzt Paul ein Stirnband auf.

„Was soll das denn jetzt?", fragt Paul verdutzt. „Ich dachte, wir stöbern."

Lulu zwinkert ihm zu. „Wir haben deinen Wunschzettel gefunden."

Paul rauft sich die Haare. „Hä? Ich verstehe gar nichts mehr."

Umut holt als Beweis die blaue Dose.

„Der Wunschzettel ist nicht von mir", sagt Paul. Dann grinst er.

„Wartet kurz." Paul saust in die Abstellkammer und kommt mit einem alten Schulheft seines Vaters zurück.

TEAM LUPE vergleicht die Handschriften. Sie sind gleich.

Die Detektive kombinieren: Pauls Vater muss den Wunschzettel früher als Kind geschrieben haben.

„Das Papier ist schon ziemlich gelb", stellt Elsa fest. „Das hätte uns gleich auffallen müssen."

Da geht die Haustür auf. Pauls Papa kommt von der Arbeit nach Hause.

„Hallo zusammen!", begrüßt er die Kinder. „Puh! War heute wieder viel los im Polizeipräsidium. Jetzt lege ich erst mal die Füße hoch."

„Das geht leider nicht", sagt Paul streng. „Wir machen Selbstverteidigung, und du musst es uns beibringen. Widerstand ist zwecklos."

Pauls Papa streckt lachend beide Hände hoch.

„Ich ergebe mich! Klar bringe ich euch ein paar coole Griffe bei. Wisst ihr übrigens, was als Kind mein größter Wunsch war?"

„Ja!", rufen alle gleichzeitig, bevor sie Pauls Papa in den Schwitzkasten nehmen.

Henriette Wich

› altersgemäße Texte sinnverstehend lesen
› sich in eine Rolle hineinversetzen und sie gestalten

Baum der Wünsche

Ich heiße übrigens Rot. Kennen wir uns vielleicht schon? Ich bin eine Roteiche und stolz darauf. Die Leute aus der Nachbarschaft nennen mich schon lange „Baum der Wünsche“. Sie sind normalerweise freundlich zu mir, wenn sie mit ihren Wünschen zu mir kommen. Sie nehmen Rücksicht auf meine neuen Blätter und achten auf meine oberirdischen Wurzeln. Nachdem sie ihren Wunsch auf ein Stück Stoff oder Papier geschrieben haben, binden sie das mit einem lockeren Knoten an einen meiner Zweige. Fast immer flüstern sie dabei ihren Wunsch vor sich hin. Wir Bäume dürfen nicht mit Menschen sprechen. Das ist Gesetz. Aber dann, vor einigen Monaten, mietete eine neue Familie, Samars Familie, das blaue Haus. Sie kamen aus einem fernen Land. Ihre Kultur war hier fremd. Ihre Sprache war neuartige Musik. Ich freute mich. Es war lange her, dass bei uns ein neues Gesicht aufgetaucht war. Wie so viele Familien aus anderen Ländern würden auch sie hier mit der Zeit Wurzeln schlagen, da war ich ganz sicher.

Eines Nachts vor nicht allzu langer Zeit war Samar bei mir. Sie sah verweint aus. Sie lehnte sich an meinen Stamm und ich spürte ihre Tränen wie einen warmen Sommerregen. Samar hielt ein Stück Stoff in der Hand. Rosa mit kleinen Punkten. Darauf war etwas geschrieben. Ein Wunsch. „Ich wünsche mir einen Freund“, flüsterte sie. Und dann verschwand sie wieder im kleinen blauen Haus. Wie gerne würde ich ihr diesen Wunsch erfüllen.

› Kinderliteratur kennen: Werke, Autoren und Autorinnen, Figuren, Handlungen

Dann aber – es waren kaum ein paar Tage vergangen – geschah etwas ganz anderes. Ein Junge kam und ritzte mit einem Werkzeug etwas in meine Rinde. Menschen denken wohl, dass es uns Bäumen nichts ausmacht, wenn man etwas in uns hineinritzt. Aber ein für allemal: Es macht uns etwas aus.

Der Junge war schnell fertig.
Er trat zurück, betrachtete sein Werk mit Wohlgefallen und nickte zufrieden:
GEH WEG, stand da.
Ich liebe die Menschen ja sehr.
Und doch. Zweihundertundsechzehn Ringe bin ich alt und verstehe sie immer noch nicht. Unsere Nachbarschaft hatte immer die Familien aus fernen Ländern willkommen geheißen. Und so dauerte es nicht lange, bis alle von den hässlichen Worten in meinem Stamm erfahren hatten. Die Leute blieben stehen und sahen es sich an. Sie versammelten sich zu kleinen Grüppchen. Sie verzogen das Gesicht, schüttelten den Kopf und schimpften.

Samar rannte zu mir, entdeckte die zwei Worte und es verschlug ihr den Atem. Eine Reporterin stellte ihr Fragen: „Wohnst du hier?“, „Würdest du gerne etwas zu diesem Vorkommnis sagen?“
Samar aber sagte kein Wort.
Nach diesem Tag kam Samar mich oft besuchen, meist in der Nacht. In ihren Augen glänzte das Mondlicht. Sie setzte sich auf ihre Decke an den Fuß meines Stammes. Immer wieder geschah es, dass sich Tierbabys zu ihr gesellten: Waschbärenkinder, Beutelratten, Stinktiere.
Sie kamen alle und bildeten einen Kreis um Samar.
Samar war nicht allein.
Aber, ob sich auch ihr größter Wunsch erfüllt, wer weiß. … [gekürzt]

Katherine Applegate

1 Erarbeitet euch den Text in der Gruppe.
Wechselt nach jedem Abschnitt die Aufgaben in der Gruppe.

Tipp Seite 162

Das Leben ist (k)ein Wunschkonzert

Wir waren erst vor zwei Monaten in diese Stadt gezogen.
Ich wünschte, wir könnten wieder zurück. Aber das Leben ist kein Wunschkonzert, sagt meine Mutter immer. Sie sagt das immer dann, wenn ich aus dem Wünschen nicht mehr rauskomme. Zum Beispiel, wenn ich mit ihr einen Einkaufsbummel mache und mir in jedem Schaufenster irgendwas aussuche, was ich unbedingt brauche. Wozu auch immer. Und es gibt viele Dinge, die ich wozu-auch-immer-brauche.
Aber fangen wir ganz am Anfang an. Der Anfang dieser Geschichte ist ein Umzug von der kleinen Stadt in die große Stadt. Wenn man neun Jahre alt ist, kommt einem eine kleine Stadt schon ganz schön groß vor. Aber eine große Stadt kann einem richtig Angst machen.
So lief unser Leben erst mal dahin. Und ich wartete immer darauf, dass bald irgendwas wunderbarer werden würde.
Eines Tages war es dann tatsächlich so weit.
Doch zuerst ging alles schief. Es sah eher nach dem Gegenteil von einem wunderbaren Tag aus. Was ist denn eigentlich das Gegenteil von wunderbar?
Nicht wunderbar gilt nicht. Denn es ist kein richtiges Gegenteil. Vielleicht scheußlich oder gewöhnlich oder so was. Oder: wunderleer.
Ich stand um 11.30 Uhr vor unserer Wohnungstür. Und das ohne Schlüssel und pitschnass, weil es wie aus Eimern regnete.
Mir war zum Heulen zumute. Ich setzte mich auf die Treppe vor unserer Wohnung. Mir war kalt. Die nassen Kleider klebten an mir. Als ich meine Turnsachen aus dem Schulranzen ziehen wollte, kippte meine Trinkflasche im Ranzen um und der rote Saft ergoss sich über alle Schulbücher! „So eine Vollscheiße!“, rutschte es mir raus.
Meine Mama mochte es natürlich nicht, aber manchmal gab es keinen Ausdruck, der die Situation besser beschreiben konnte.
Doch genau in diesem Moment ging unten die Eingangstür auf und jemand kam die Treppe herauf. Es war die Frau, die neben uns wohnte und die wir noch gar nicht so richtig kennengelernt hatten. Frau Liebig. Sie guckte mich mit kugelrunden Augen an. Sie hatte kleine Lachfältchen um die Augen wie Sonnenstrahlen und war

› bei der Beschäftigung mit literarischen Texten Sensibilität und Verständnis für Gedanken und Gefühle zeigen

ungefähr so alt wie meine Mama. Außerdem hatte sie kurz geschnittene Haare und sie war bunt. Also ich meine, sie war ganz bunt angezogen. Das sah sehr fröhlich aus.

„Was machst du hier auf der Treppe?“

„Ich warte auf meine Mutter, sie kommt jeden Moment“, sagte ich.

Frau Liebig verschwand in ihrer Wohnung. Kurze Zeit später kam sie wieder, eine Tasse in der Hand.

„Wenn es dir nicht zu heiß ist“, sagte sie, „willst du vielleicht einen warmen Kakao?“ Sie gab mir die Tasse und diese wärmte gleich meine Hände und mein Herz dazu. „Kakao-Kränzchen auf der Treppe – mal was anderes, oder? Darf ich mich zu dir setzen?“

Ich nickte und sie legte erst ein Kissen für mich und eines für sich auf die Stufen. Und dann erzählte ich Frau Liebig die ganze Geschichte von meinem schrägen Tag. „Mieserlich“, sagte sie daraufhin. „Echt mieserlich!“ [verändert, gekürzt]

Sabine Bohlmann

1 Wie hat Frau Liebig geholfen? Erzähle.

Tipp **Seite 164**

2 Was bedeutet der Satz „Das Leben ist kein Wunschkonzert“? Erkläre.

3 Beschreibe das Aussehen und den Charakter von Frau Liebig.

› Aussagen mit Textstellen belegen
› zentrale Aussagen eines Textes erfassen und wiedergeben

Echt stark!

Drei Geschichten erzählen von coolen und unglaublich starken Menschen. Schon als Kinder haben sie begonnen, ihre Wünsche und Träume mit Mut und Ausdauer zu verwirklichen.

Suche einen der nachfolgenden Texte aus und lies ihn.

Die Umweltaktivistin: Greta Thunberg (Schweden)

Mit acht Jahren hatte Greta zum ersten Mal vom Klimawandel gehört. Schon damals hatte sie sich gefragt, weshalb die Menschen so wenig dagegen unternahmen. Greta und ihre Familie waren sehr umweltbewusst, sie gingen sparsam mit Wasser um und fuhren so oft wie möglich mit dem Rad.

Im Sommer 2018 war Greta 15 Jahre alt. Jetzt wollte sie mehr tun für die Umwelt und ein gesundes Klima. Und so beschloss sie zu streiken.
Anstatt die Schule zu besuchen, fuhr Greta mit ihrem Rad zum schwedischen Parlamentsgebäude und setzte sich davor. Fußgänger eilten an ihr vorüber, warfen nur einen kurzen Blick auf sie und dann auf ihr selbst geschriebenes Schild: „Skolstrejk För Klimatet“ – „Schulstreik für das Klima“, stand darauf.
Es war Freitag, der 20. August 2018. Greta beschloss, dass sie ab sofort jeden Freitag hier sitzen würde. Bei Wind und Wetter! Sie würde nicht aufgeben. Die Regierung und die großen Unternehmen sollten ihr zuhören und dringend etwas gegen den Klimawandel unternehmen.
Am ersten Tag saß Greta alleine dort. Am zweiten Tag kamen andere Kinder hinzu. Bald wurden es Tausende Schülerinnen und Schüler in über hundert Ländern. Sie streikten immer freitags für den Klimaschutz. Greta hat damit die Bewegung „Fridays for Future“ begründet.

Der Tänzer: Joel Kioko (Kenia)

Joel lebte mit seiner Familie in einer Wellblechhütte in den Slums der kenianischen Hauptstadt Nairobi. Die Menschen hier hatten kaum das Nötigste zum Leben.

Bei einer Ballettaufführung in seiner Schule stand Joel in der Menge ganz hinten und beobachtete die Tänzer. Was für eine seltsame Art zu tanzen! So etwas hatte er noch nie zuvor gesehen. Es faszinierte ihn, wie die Tänzerinnen und Tänzer in die Luft sprangen, so unglaublich elegant! Joel war gut im Hochsprung. Warum sollte er es nicht auch einmal mit Ballett versuchen? Seine Freunde lachten ihn zwar aus, aber Joel machte sich nichts daraus und ging regelmäßig zum Balletttraining. In dem Übungsraum gab es weder eine Stange noch einen Spiegel, aber Joel störte das nicht. Er war Enge gewöhnt. Joel hatte großes Talent und das machte ihn stolz.

Eines Tages bemerkte er, wie ein Mädchen den Raum betrat. Joel versuchte gerade einen perfekten Spagatsprung. Das Mädchen war begeistert und erzählte ihrer Ballettlehrerin, Cooper Rust, von dem talentierten Jungen. Als Cooper ihn mit eigenen Augen gesehen hatte, beschloss sie, Joel zu unterstützen.

Joel war unglaublich ehrgeizig, übte viel und bestand seine Ballettprüfung mit Bestnoten. In Amerika wurde er daraufhin drei Monate lang an einer Ballettschule aufgenommen.

Im Alter von 17 Jahren nahm ihn eine weltberühmte Ballettschule in London auf. Heute ist Joel einer der besten jungen Balletttänzer ganz Kenias. Bei seinen Spagatsprüngen scheint er zu fliegen.

Die Schachkönigin: Phiona Mutesi (Uganda)

Phiona lebte in einem Slum in Kampala – das ist die Hauptstadt Ugandas. Das Leben dort war sehr hart. Es war schmutzig und stank; es war voller Mücken und es gab viele Krankheiten. Nahrung oder Trinkwasser waren rar und es herrschte Hunger. Phiona war erst neun Jahre alt. Seit drei Jahren ging sie nicht mehr zur Schule und konnte weder lesen noch schreiben.
Eines Tages trat sie barfuß und in einem zerschlissenen Kleid aus der winzigen Hütte und lief ihrem Bruder nach. Wohin ging er? Gab es dort etwas zu essen? Phiona folgte ihm bis zu einem unbekannten Gebäude. Leise huschte sie hinterher und sah, wie ihr Bruder sich gegenüber einem anderen Jungen an einen kleinen Tisch setzte. Zwischen den beiden Jungen stand ein Brett, das in schwarze und weiße Quadrate aufgeteilt war.
Auf den Quadraten standen kleine geschnitzte Gegenstände in unterschiedlichen Farben. So etwas hatte Phiona noch nie gesehen. Sie war fasziniert.
„Hallo“, sagte ein Mann, der den Kindern am Tisch zuschaute. Er trat auf Phiona zu und lächelte. „Komm doch herein.“
Phiona trat leise ein und hörte, wie der Mann dem Jungen ein Spiel erklärte. Der Mann hieß Robert. Das Spiel mit dem eigenartigen Brett und den Figuren hieß Schach. Robert nahm eine Schachfigur und führte einen Spielzug vor. In dem Moment wurde es dem Mädchen bewusst: Ich will unbedingt Schach lernen!
Bald kam sie jeden Nachmittag, um Schach zu lernen. Phiona hatte großes Talent und übte viel. In weniger als einem Jahr verlor sogar Robert gegen sie.
Nun wusste Robert, dass es an der Zeit war. Phiona sollte in die Welt hinausgehen und gegen die Besten spielen. Und genau das tat sie. Mit elf Jahren gewann sie die Schach-Juniorenmeisterschaft in Uganda.
2009 vertrat sie ihr Land im internationalen Kinderschachturnier im Sudan. Da war sie dreizehn Jahre alt. Es war ihr erster Flug. Und zum ersten Mal schlief sie in einem richtigen Bett.

Mit Roberts Hilfe konnte Phiona nun auch wieder zur Schule gehen. Seitdem hat sie an drei weiteren Schacholympiaden teilgenommen und bringt anderen Kindern das Spiel bei. Schach hat Phionas Leben verändert und deshalb will auch sie das Leben anderer Kinder verändern.

Heute studiert Phiona in den USA und will eines Tages Schachgroßmeisterin werden – das ist der höchste Titel, den ein Turnierschachspieler erreichen kann. Über ihre erstaunliche Geschichte gibt es sogar einen Film und ein Buch.

[verändert, gekürzt]

Amanda Li

1. Finde Textstellen, die die Person beschreiben.
   Notiere dir Stichworte zum Aussehen und Charakter.

2. Beschreibe die Person mithilfe deiner Stichworte.
   Tauscht euch dazu aus.

3. Stellt euch gegenseitig die Person aus den Texten vor.

Tipp
Seite 164

Hugo und Big Dschi

Hugos absoluter Lieblingsplatz ist der Teich. Da entdeckt Hugo etwas im Wasser. Eine Flasche. Die Flasche ist klein, sonderbar verziert und sieht echt wertvoll aus. Als Hugo abends im Bett liegt, putzt und wischt und schrubbt und reibt er die Flasche. Es ist eine Schweinearbeit.

Auf einmal beginnt die Flasche zu vibrieren. Erst nur ein bisschen, dann immer mehr. Hugo muss sie mit beiden Händen festhalten. Da passiert es: Der Stopfen fliegt von der Flasche. PLOPP!

Dichter, orangefarbener Rauch steigt auf. Mit glitzernden Sternchen darin. Hugo macht große Augen. Und dann schwebt da dieser Typ! „Tach, Chefchen“, sagt der Typ freundlich. Er packt einen Müsliriegel aus und verschlingt ihn mit einem Happs.

Hugo starrt den Typen an. So viele Muskeln hat Hugo noch nie gesehen. „Lass mich raten, Chefchen. Ich bin dein Erster!“
„Mein erster ... was?“, fragt Hugo.
„Dein erster Flaschengeist! Gestatten, Big Dschinny Fresh“, sagt er. „Meine Freunde nennen mich Big Dschi. Und du bist?“

„Hugo“, sagt Hugo leise. „Freunde habe ich keine. Ich kann also nicht sagen, wie die mich nennen würden.“
„Egal“, sagt er. „Für mich bist du Chefchen.“ Er schlägt Hugo auf die Schulter.
„Warst du hundert Jahre lang in der Flasche?“, fragt Hugo.
Big Dschi schüttelt den Kopf. „Manchmal lässt mich jemand raus. Quasi aus Versehen ... So wie du.“ Er schenkt Hugo ein breites Lächeln. „Und dieser Jemand wird dann mein Chefchen. Ganz automatisch.“

Big Dschi setzt sich auf. „Kommen wir zu den Regeln“, sagt er. „Es gibt Regeln?“, fragt Hugo überrascht. „Es gibt immer Regeln“, antwortet Big Dschi. „Erste Regel: Ich hab Wünsche frei. Zweite Regel: Du erfüllst sie mir!“

Hugo ist sprachlos. „Ich muss dir Wünsche erfüllen?“, fragt er. Big Dschi grinst. „Du darfst mir Wünsche erfüllen. Das ist eine große Ehre! Ich wünsche mir eine fette Calzone mit allem Pipapo. Wird's bald?“ Hugo schüttelt den Kopf. „Ich kann leider nicht backen“, gibt er zu.

„Wir könnten uns in die Küche schleichen“, überlegt Hugo. „Und dort zeigst du mir, wie man diese Calzone macht.“ Big Dschi ist begeistert. Der Plan steht. Eigentlich darf Hugo nicht allein in die Küche. Aber heute ist Big Dschi dabei. Und mit dem ist alles anders. „So viel Spaß hatte ich noch nie“, sagt Hugo. [gekürzt]

Lena Hach

Achte beim Zuhören darauf, welche Angebote die Göttinnen Paris machen.

Der Zankapfel

Diese Geschichte hat sich vor vielen, vielen Jahren zugetragen. Vor Tausenden von Jahren. Am Anfang hat man sie nur erzählt. Erst später wurde sie aufgeschrieben. Sie stammt aus der Zeit, als auf dem griechischen Berg Olymp noch Götter lebten. Die Götter hatten auf dem Gipfel ihre göttliche Ruhe. Bis es Streit gab.

Als die wunderschöne Meeresgöttin Thetis den König Peleus heiratete, lud sie zu ihrer Hochzeit alle olympischen Götter ein. Nur die Göttin Eris hatte sie absichtlich übergangen. Eris war nämlich die Göttin, die Zank und Streit verursachte.
Eris ärgerte sich. Sie kam heimlich zum Fest und setzte sich an das Ende des Tisches und überlegte, wie sie einen Streit anzetteln konnte. Sie schaute sich die vielen Göttinnen an, die an der Tafel saßen. Plötzlich hatte sie eine Idee. Sie zauberte einen goldenen Apfel mit der Aufschrift „Für die Schönste“ und ließ ihn auf dem Tisch entlangrollen.

Drei Göttinnen – Hera, Athene und Aphrodite – streckten gleichzeitig ihre Hände danach aus. „Der Apfel gehört mir!“, sagte Athene.
„Nein, es ist mein Apfel“, meinte Hera und erklärte: „Die Schönste bin ich. Sonst hätte Zeus mich nicht geheiratet.“
„Aber ich bitte dich“, beharrte Aphrodite. „Die Schönste bin ich. Ich bin schließlich die Göttin der Liebe.“
Die drei Göttinnen stritten immer lauter. Weil sie sich nicht einigen konnten, wandten sie sich an einen wunderschönen jungen Mann, Paris, dieser war ein Königssohn. „Du schöner Jüngling“, rief Hera, „sei der Schiedsrichter. Entscheide, wer von uns dreien die Schönste ist. Sie soll aus deiner Hand den goldenen Apfel erhalten.“
„Ja“, sagten auch Athene und Aphrodite, „entscheide du, und wir werden uns deinem Schiedsspruch beugen.“

Lange betrachtete Paris die drei Göttinnen. Alle drei waren göttlich schön. Er war nicht in der Lage zu sagen, welche die Schönste war. Er überlegte noch verwirrt, als er eine leise Stimme hörte: „Paris, ich bin Hera. Gib mir den Apfel, und ich mache dich zum mächtigsten Herrscher der Welt.“

› lebendige Vorstellungen beim Hören literarischer Texte entwickeln

Gleich darauf vernahm er die flüsternde Stimme der Athene: „Wenn du mir den Apfel gibst, wirst du der klügste Mann der Welt und für immer unbesiegbar sein! Ich bin Athene, die Göttin der Weisheit und des Sieges!“
Aber auch Aphrodite flüsterte ihm heimlich etwas zu: „Gibst du mir den Apfel, wirst du durch mich die schönste Frau der Welt gewinnen!“
Jetzt überlegte Paris nicht mehr lange.
Er gab den Apfel … Aphrodite.
Verbittert verließen Hera und Athene das Hochzeitfest. Aphrodite feierte weiter – mit dem goldenen Apfel in der Hand. Nun war aber die schönste Frau der Welt, die schöne Helena, bereits vergeben. Sie war mit König Menelaos von Sparta verheiratet. Paris musste sie überreden, Menelaos zu verlassen und mit ihm nach Troja zu fliehen. Das tat Helena, denn Aphrodite hatte ihr bedingungslose Liebe zu Paris eingehaucht.

Die Entführung der schönen Helena war der Grund für den Trojanischen Krieg.

[verändert, gekürzt]

erzählt von Dimiter Inkiow

1 Welche Angebote machen die Göttinnen Paris? Erzähle.

2 Wie hättest du an der Stelle von Paris entschieden? Begründe.

› verschiedene Textsorten kennen und unterscheiden: Sage

Und außerdem sind Borsten schön!

Leider hab' ich von Natur
eine komische Frisur.
Meine Neffen Tim und Torsten
haben keine Lust auf Borsten.
Und mein Onkel Waldemar
hätte lieber glattes Haar.

Meine Freundin Monalies
wünscht sich Augen in Türkis.
Und mein Opa Archibald
wäre gern nur halb so alt.
Meine Schwester Kunigund
möchte einen kleinen Mund.

Omas Pudel Helios
wäre gern die Flecken los.
Papas Kumpel Roderick
findet sich am Hals zu dick.
Seine schöne Frau Brigitte
möchte eine dünne Mitte.

Unserm Kater Manuel
ist das Fell am Kopf zu hell.
Und mein kleiner Bruder Olli
will so sein wie Tante Polly.
Unser Nachbar Thilo Schramm
hat zu viele Kilogramm.

Viele Mädchen aus dem Haus
sähen gern wie Elfen aus.
Und die Jungs von nebenan
lieber wie ein Superman.
Meinem Onkel Parzival
ist sein Äußeres egal.

Und er findet:
eins ist wichtig ...
Wie du bist,
so bist du richtig! [gekürzt]

Nadia Budde

Unter der Lupe

Herzchen
Schleierblick
Knopfäugleinblick
Schritt
Sprinterbeine
Flatterflügel
Schaukelschwanz
Giraffenkletterhals
Riesenflatterohren

Ach, hätt' ich doch …

… den geheimnisvollen  der Eule.

… einen  in einem luftigen Wolkenhaus.

… die  des Elefanten, um die Himmelsgeschichten zu hören.

… den  der Amsel für jedes Kräutlein auf der Wiese.

… den federleisen  des Tigers im dichten Urwald.

… das pumpernde  des fliehenden Schleckermäuschens.

… die  der Wildgans vor dem Abflug über den Ozean.

… den  des Maki-Affen im Labyrinth der Äste.

… die knochendünnen 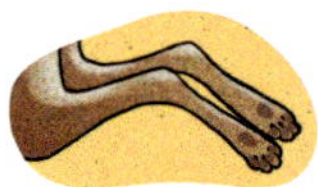 für ein übermütiges Hasenrennen.

[verändert, gekürzt]
Giovanna Zoboli

1 Ersetze die Bilder durch die Wörter aus der Wörterliste. Lies die Sätze abwechselnd mit einem Partnerkind vor.

2 Welche Worte können die Figur so beschreiben, dass man sie sich gut vorstellen kann? Welche Beschreibung findest du besonders gelungen? Begründe deine Wahl.

› handelnd mit Texen umgehen: Wörter einsetzen
› mit Sprache experimentell und spielerisch umgehen

Was will Werbung?

Jeden Tag prasseln Tausende Werbebotschaften auf uns ein. Sie finden sich auf Plakaten, in Zeitungen, im Fernsehen oder im Radio. Egal wann und wo dir Werbung begegnet: Sie will ein paar Sekunden deiner Aufmerksamkeit und den Wunsch nach einem bestimmten Produkt in dir wecken.

Auch im Internet begegnet dir ständig Werbung: Sie umrahmt die Seite, die du anschaust. Sie poppt auf, wenn du etwas anklickst. Oder sie legt sich wie ein Blatt auf das, was du gerade liest.

Das sind die Tricks der Werbeleute: Um dir persönliche Werbung zu zeigen, schicken sie so eine Art „Spion" durchs Internet. Schaust du zum Beispiel nach Turnschuhen, merkt sich der „Spion" das – mit einem Cookie (sprich: Kuckie). Das ist englisch und heißt übersetzt Keks. Diese winzigen Dateien hinterlassen wie Kekskrümel deine persönliche Spur. Sie merken sich alles und schicken dir kurze Zeit später eine ganz „persönliche" Werbung: Beim nächsten Spaziergang durchs Netz taucht – wie durch ein Wunder – Werbung für Turnschuhe auf. Wichtig ist für dich, dass du Werbung erkennst und dass dir klar ist, was sie will:
dein Geld! [verändert, gekürzt]

Andrea Schwendemann

› Angebote im Internet kennen, nutzen und begründet auswählen
› mit digitalen Medien kritisch umgehen
› gebräuchliche Fremdwörter untersuchen

Detektivwissen üben + überprüfen

Das Aussehen und den Charakter einer Figur beschreiben

Das konntest du auf den Seiten 80–85 üben.
Hier kannst du weiterüben und überprüfen, ob du es kannst.

Lene und die Pappelplatztiger

Wochenlang kam Lene schon zum Bolzplatz und beobachtete die Pappelplatztiger. Sie trafen sich dort fast jeden Nachmittag zum Fußballspielen. Natürlich war kein einziges Mädchen dabei. Lene wollte unbedingt ein Pappelplatztiger werden. Aber sie brachte es einfach nicht fertig zu fragen, ob sie mitspielen könnte. Lene fand, dass die Tiger aussahen, als hielten sie nichts von Mädchen. Sie kannte den herablassenden Blick genau, den die meisten aufsetzten, wenn sie sie sahen. Denn jeder Einzelne von ihnen hatte längst bemerkt, dass ihnen seit einiger Zeit regelmäßig ein fremdes Mädchen zuguckte.
Lene hatte mittelblonde, lange Haare und trug am liebsten einen Pferdeschwanz. Sie las gern Bücher über Vögel und konnten neun verschiedene Vogelstimmen unterscheiden. Sie war weder besonders frech noch besonders schüchtern, weder besonders widerspenstig noch besonders brav.
Sie besaß auch ein paar Stofftiere, und manchmal trug sie ein Kleid. Aber am wohlsten fühlte sie sich doch in kurzer Hose und Fußballschuhen. Ihre Beine waren kräftig und hatten meist irgendwo Schrammen und Schürfungen. Denn Lene mochte nichts lieber als Fußballspielen. Was Fußball anbetraf, war sie echte Sonderextraklasse. Sie konnte zum Beispiel mit beiden Beinen gleich gut schießen, und das ist wichtig beim Fußball.

Lene wohnte noch nicht lange in der Neustadtsiedlung. Erst vor zwei Monaten war sie mit Mirko und ihren Eltern umgezogen, mitten in den Sommerferien. Die Neustadtsiedlung war ein Vorort einer großen Stadt. Lene war zehn und Mirko fünf, und mit Nachnamen hießen sie Ottke. [gekürzt]

Martin Klein

1 Beschreibe das Aussehen und den Charakter der Figur.

Schätze dich ein und notiere.

Tipp
Seite 164

Kapitel 5

lesen – hören – sehen

Hier ist eine Geschichte,
ein unglaubliches Stück.
Bevor es losgeht, lehn dich zurück.

Hol dir eine Decke,
ein kuschliges Kissen.
Mach's dir bequem.
Den Kakao nicht vergessen?

Ich warn' dich natürlich, bevor wir beginnen:
Grusel und Spannung werden hier walten,
Gefahr und Schrecken und knappes Entrinnen,
böse Geschöpfe, Horrorgestalten.
Drachen und Monster, üble Gorgonen*,
Wesen, bei denen der Mutigste zuckt.
Entlegene Orte, wo Schurken wohnen.
Häuser, vor denen der Atem dir stockt.

Drum fass dir ein Herz, nimm all deinen Mut.
Die Geschichte beginnt, sei auf der Hut ...

Robert Paul Weston

*Gorgonen: drei geflügelte Schreckgestalten mit Schlangenhaaren, die jeden, der sie anblickt, zu Stein erstarren lassen

› eigene Gedanken zu Texten entwickeln
› mit anderen über Texte sprechen
› die eigene Leseerfahrung beschreiben und einschätzen

Film ab!

Team LUPE bummelt durch die Altstadt. Vor dem Rathaus sind sehr viele Menschen. „Nanu“, wundert sich Elsa. „Heute ist doch gar kein Wochenmarkt auf dem Rathausplatz.“
„Los, Leute“, sagt Umut. „Das sehen wir uns genauer an.“
Murmel zieht an Pauls Leine und die Freunde mischen sich unter die Leute. Ein rot-weißes Band ist um den Platz gespannt. Dahinter stehen Männer in gelben Westen mit Funkgeräten in der Hand. Lulu spricht einen der Männer an. „Ist heute eine Demo?“
Der Mann lächelt. „Nein, nein. Hier wird ein Film gedreht.“
Eine Technikerin befestigt zwei Wasserrohre auf einem Stativ. Danach schließt sie an den Enden jeweils einen Schlauch an.
„Was wird das denn?“, fragt Elsa neugierig.
„Ruhe bitte!“, ruft die Regisseurin und springt von ihrem Klappstuhl hoch. „Ton ab!“ „Läuft!“, kommt die Antwort.
„Kamera ab!“ „Läuft!“ „Drei-Sieben, die Zwölfte.“
Der Assistent der Regisseurin schlägt eine schwarze Klappe.

Die Detektive sichern sich einen guten Platz hinter dem Absperrband. Die nächste Szene wird vor der Eisdiele gedreht. Deshalb sitzen da viele Schauspieler. Die Kamera fährt auf einen Tisch am Rand zu. Dort trinken zwei Polizisten Cappuccino. „Heute geht aber auch alles schief!“, stöhnt der kleinere Polizist. „Der Bankräuber ist uns schon wieder entwischt. Was sollen wir denn jetzt machen?“
„Nicht aufgeben“, sagt der größere Polizist. „Weiterermitteln.“
Die Technikerin dreht an beiden Rohren. Da sprudelt aus kleinen Löchern Wasser heraus. Der kleinere Polizist beschwert sich:
„Na, super, jetzt fängt es auch noch an zu regnen!“
TEAM LUPE schaut fasziniert zu. Weil der Regenvorhang zwischen der Kamera und den Schauspielern ist, wird niemand nass. Trotzdem wirkt es verblüffend echt wie richtiger Regen. Aber es kommt noch besser. Jetzt schaltet ein Mann eine Windmaschine ein. Er streut Blätter vor den großen Ventilator, und die Blätter wirbeln auf die Polizisten zu. Plötzlich rennt ein Mann mit schwarzer Lederjacke über den Platz. Murmel knurrt leise. Der größere Polizist springt auf. „Das ist er, der Bankräuber! Schnell!“

Murmel bellt. Sie reißt sich von der Leine los, rast auf den Bankräuber zu und schnappt nach dem Hosenbein des Bankräubers. „Stopp!“, ruft der Assistent. „Kamera aus!“ Der kleinere Polizist regt sich auf. „Ein Hund hat uns gerade noch gefehlt. Jetzt müssen wir die ganze Szene noch mal drehen!“ Die Regisseurin sieht sich suchend um. „Wem gehört denn der Hund?“ Paul taucht unter dem rot-weißen Band durch, saust schnell zu Murmel und zischt: „Komm her!“ Murmel versteht die Welt nicht mehr. Sie hat doch den Verbrecher festgehalten. Warum lobt Paul sie denn jetzt nicht? „Entschuldigung“, murmelt Paul und nimmt Murmel wieder an die Leine. „Warte kurz“, sagt auf einmal die Regisseurin. „Mit Hund ist die Szene viel lebendiger geworden. Wir lassen sie drin – wenn ihr zwei damit einverstanden seid.“ Paul strahlt. „Ja, klar!“ Und Murmel wedelt begeistert mit dem Schwanz. Die Regisseurin verspricht Paul Freikarten für den Kurzfilm. Er soll schon in einem Monat beim Stadtfest gezeigt werden. „Könnte ich vielleicht viereinhalb Freikarten bekommen?“, fragt Paul. „Für meine drei Freunde, für Murmel und mich. Wir sind nämlich Detektive.“ Die Regisseurin grinst. „Natürlich. Aber jetzt müssen wir weiterdrehen.“ „Ja, genau“, sagt der Bankräuber und winkt den Polizisten zu. „Ich will endlich festgenommen werden.“ Da müssen alle am Set lachen.

Drei Wochen später sitzt TEAM LUPE mit Kopfhörern im Freiluftkino, ganz hinten in der besten Reihe. Murmel bleibt brav neben Paul und spitzt die Ohren. Der Film ist richtig spannend. Am Ende kommen die Schauspieler auf die Bühne und verbeugen sich vor den Zuschauern. Murmel erkennt sofort den Bankräuber wieder und fängt an zu knurren. „Alles gut“, sagt Paul. „Ich weiß, du hast den Bankräuber geschnappt. Das hast du toll gemacht.“ Die Zuschauer drehen sich zu Murmel um und klatschen. Und was macht Murmel? Sie streckt ihre Spürnase stolz in die Luft!

Henriette Wich

Sag hallo zu Dandy Smart

Seit zwei Jahren steht ein Handy auf meiner Wunschliste. Einmal haben mir meine Eltern ein Plastikhandy geschenkt. Sie fanden das lustig. Ich nicht. Ich habe mir dann eine Schutzhülle dafür besorgt, weil das Handy damit fast echt aussah. Das ging gut, bis Caprice danach gegriffen hat. Sie hat es sich ans Ohr gehalten und reingebrüllt: „Hallo, ist da der Kindergarten? Hier ist Franzi. Ich brauch dringend jemand, der meine Windel wechselt! Ich bin nämlich noch ein Baby. Mit einem Babyhandy!“ Da haben alle gelacht.
Ab morgen gehe ich aufs Gymnasium. Die Mädchen aus meiner alten Klasse werden auf andere Schulen gehen, aber das finde ich nicht schlimm. Die haben mich sowieso immer geärgert und gesagt, ich wäre eine Streberin. Vor allem Caprice.
Dabei habe ich mich nur wegen meiner Eltern so angestrengt. Okay, dass meine Eltern sich freuen, war der eine Grund. Der andere Grund war, dass ich gehofft hatte, als Belohnung für mein tolles Zeugnis endlich ein Handy zu kriegen. Habe ich aber nicht. Stattdessen haben mir meine Eltern Theo geschenkt. Theo ist ja auch total süß, ich liebe ihn. Echt. Aber auf einem Hamster kann man sich nun mal keine Videos ansehen und telefonieren kann man mit dem auch nicht. Leider.
Ich bin schrecklich aufgeregt, weil morgen mein erster Schultag am Gymnasium ist. Ich habe Angst, dass der Unterricht viel schwerer ist, aber ich stelle mir auch vor, dass ich dort eine neue Freundin finde.

Ich erspare euch die Einzelheiten. Mein erster Schultag war der schlimmste Tag meines Lebens. Am schlimmsten war es, als alle ihre Handynummern ausgetauscht haben, damit sie sich am Nachmittag verabreden konnten.

Abends hatte mein Vater dann ein kleines Paket in der Hand.

„Hier für dich“, sagte er. „Wir wollen ja, dass du dich wohl fühlst an deiner neuen Schule und Freundschaften schließt“.

Ich riss das Papier auf. Es war zwar ein gebrauchtes Handy, aber das sah man kaum. „Danke, danke, danke!“, rief ich und umarmte meine Eltern.

Als ich im Bett liege, wünsche ich Theo gute Nacht und dann meinem Handy. Dass ich meinem Hamster gute Nacht sage, ist so eine Art Ritual, obwohl es Quatsch ist. Und mein Handy ist nur eine Hülle, unter der sich Elektronik befindet. Ich tue es trotzdem, weil ich einfach unfassbar glücklich bin.

„Schlaf gut, mein Handy, und träum was Schönes!“

„Danke, du auch!“ Erschrocken starre ich Theo an.

„Theo, warst du das?“, frage ich.

„Natürlich nicht, Franzi. Das ist ein Hamster, der kann doch nicht reden.“

Kein Zweifel! Das war mein Smartphone! Erschrocken schalte ich es aus. Aber es geht von ganz allein wieder an.

„Du kannst mich nicht einfach ausknipsen“, sagt das Handy. „Ich bin doch keine Glühbirne. Mein Name ist Dandy Smart. Wenn du willst, können wir richtig dicke Freunde werden. Na?“

„Freunde? Aber ... du bist doch gar nicht lebendig“, stammele ich.

„Klar bin ich lebendig. Ich habe eine Kamera zum Gucken, einen Lautsprecher zum Reden, ein Mikrophon zum Hören, und der kleine Chip in meinem Innern ist mein Herz und mein Gehirn. Also, was ist?“ [verändert, gekürzt]

Rüdiger Bertram

1 Franzis Eltern fanden es lustig, ihr ein Plastikhandy zu schenken. Franzi fand das nicht lustig. Stellt euch die Situation vor, legt die Rollen fest und spielt die Szene vor. Achtet auf eure Mimik und Gestik. Gebt euch danach eine Rückmeldung.

Tipp
Seite 166

› sich in eine Rolle hineinversetzen und sie gestalten
› Situationen in verschiedenen Spielformen szenisch entfalten
› handelnd mit Texten umgehen: inszenieren

Der folgende Text stammt aus dem Buch „Meine wunderbar seltsame Woche mit Tess“. Daraus wurde auch ein Film.
Auf den Seiten 106/107 kannst du etwas über diesen Film erfahren.

Tess

Samuels Bruder hat sich am Strand verletzt. Sein Vater ist mit den beiden Jungen zum Arzt gefahren. Jetzt sitzen sie im Wartezimmer. Samuel ist langweilig und er geht nach draußen.

Ich schlenderte über den Parkplatz und dann blieb ich stehen. Die Hintertür der Arztpraxis führte auf eine kleine Terrasse, und mitten auf dieser Terrasse stand ein Tisch mit einem Laptop.
An dem Tisch saß ein Mädchen mit ernstem Gesicht. Ich drehte mich schnell um, aber sie hatte mich schon gesehen. „Warte mal!“, rief sie.
Ich drehte mich halb zu ihr um. „Spielst du vielleicht Trompete?“
Ich schüttelte den Kopf. „Hast du mal einen Schnitzkurs gemacht?“
Ich schüttelte wieder den Kopf und sie seufzte. „Dann kann ich dich nicht gebrauchen. Geh weiter.“
Erstaunt blieb ich stehen. „Halt!“, rief sie plötzlich. „Ich brauche dich doch. Kannst du tanzen?“
Eigentlich war es ganz einfach. Ich konnte mich umdrehen und weggehen. Aber sie hörte nicht auf zu reden. „Standardtänze, meine ich, wie Leute auf einer Hochzeit. Kannst du das?“
„Nein!“, sagte ich laut. Sie sollte wissen, dass ich nicht nur nicht tanzen konnte, sondern es auch nicht wollte. Sie lachte mich an.
„Dann lernen wir es.“ Sie tippte auf ihrem Laptop, klickte ein paarmal hin und her, und plötzlich ertönte Musik. Altmodische Musik.
„Ich bin übrigens Tess“, sagte das Mädchen. „Wir fangen mit dem Wiener Walzer an.“
Sie kam zu mir und stellte sich vor mich. Ich wollte wegrennen, aber sie nahm meine Hand. Sie war mindestens einen Kopf größer als ich und hatte klebrige Finger.

„Die rechte Hand legst du auf meinen Rücken“, sagte sie. „Ich habe alles im Internet nachgelesen, aber ich hatte niemanden zum Üben.“

Sie legte die linke Hand auf meine Schulter.

„Hör auf!“, rief ich. „Das ist verboten. Du darfst nicht einfach so Leute anfassen, die du nicht kennst. Ich bin zehn. Wenn du mich noch einmal anfasst, gehe ich zur Polizei.“

„Die Polizei lacht dich aus. Ein elfjähriges Mädchen darf einen zehnjährigen Jungen anfassen, ganz bestimmt.“

Ich verschränkte die Arme. „Aber ich will es nicht.“

Ihr Gesicht wurde wieder ernst. „Bitte?“, fragte sie. „Es ist sehr wichtig, dass ich bis heute Abend tanzen kann.“

„Das glaube ich nicht.“

„Der Rest meines Lebens hängt davon ab.“

Sie schaute mich an und ich nickte. Zögernd trat ich einen Schritt vor.

„Ich heiße Samuel“, sagte ich. Sie nahm meine Hand fest in ihre.

„Mit dem rechten Fuß machst du einen Schritt nach vorne“, sagte Tess.

Das tat ich, und gleichzeitig setzte sie den linken Fuß einen Schritt zurück. „Jetzt mit links einen Schritt zur Seite.“

Ihr anderer Fuß bewegte sich zusammen mit meinem.

Sie lachte.

„Das ist alles.

Wir tanzen!“

[gekürzt]

Anna Woltz

1 Überlegt euch zu den vier kursiv gedruckten Zeilen eine Spielszene.
Legt die Rollen fest und spielt die Szene vor.
Achtet auf eure Mimik und Gestik.
Gebt euch danach eine Rückmeldung.

Tipp
Seite 166

Vom Buch zum Film

Erfolgreiche Kinderbücher werden oft zu Filmen. Das erste Kinderbuch, zu dem ein Film gedreht wurde, war 1931 „Emil und die Detektive“. Das Buch gehört zu den Klassikern der Kinderliteratur und wurde inzwischen schon acht Mal verfilmt.
Auch die folgenden Filme, die hier von Kindern vorgestellt werden, sind zu Büchern entstanden.
Auf der Seite www.jugend-filmjury.com/filme findest du viele weitere Filmtipps, die von Kindern geschrieben wurden.

Suche dir einen der drei folgenden Texte aus und lies ihn.

Paddington 2

– ein computeranimierter Film –

Dieser Film spielt in London und handelt von dem Bären Paddington Brown, der wegen seiner mitfühlenden und hilfsbereiten Art überall beliebt ist. Zum hundertsten Geburtstag seiner Tante Lucy möchte Paddington ihr ein einzigartiges Pop-up-Buch mit den Sehenswürdigkeiten von London schenken. Aber das Buch ist teuer und so nimmt der Bär jede Menge kleiner Jobs an. Doch ehe er das Geld zusammen hat, wird das Buch geklaut. Als wenn das nicht schlimm genug wäre, glaubt die alarmierte Polizei auch noch, dass Paddington der Dieb ist und so landet er unschuldig im Gefängnis. Dort muss er das Beste aus seiner Situation machen. Und das ist gar nicht so leicht. Vor allem, wenn man daran Schuld ist, dass alle Häftlingsklamotten rosa

eingefärbt sind. PADDINGTON 2 ist richtig witzig und spannend und ein Film für die ganze Familie.
Es gibt viele Szenen, in denen Paddington durch seine tollpatschige Art so viel Chaos auslöst, dass du dich wegschmeißt vor Lachen. Besonders gefallen haben uns auch die rasanten Actionszenen. Etwa wenn Paddington den Dieb des Buches als wilder Reiter auf dem Rücken eines Hundes verfolgt.
Man denkt auch gar nicht daran, dass Paddington nur eine Figur aus dem Computer ist. Er wirkt so lebendig und echt und richtig knuddelig. Paddington ist davon überzeugt, dass in jedem Menschen etwas Gutes steckt und wir sind richtige Fans von ihm geworden.

Fritzi – Eine Wendewundergeschichte

– ein Zeichentrickfilm –

© Weltkino

Leipzig im Jahr 1989: In den Sommerferien passt die zwölfjährige Fritzi auf Sputnik auf, den Hund ihrer Freundin Sophie, die mit ihrer Familie in Ungarn im Urlaub ist.
Aber nach den Ferien kommt Sophie nicht in die Schule zurück und Fritzi ahnt, dass ihre Freundin in den Westen geflüchtet ist. Weil Fritzi sich sicher ist, dass Sophie Sputnik sehr vermisst, will sie ihn unbedingt zu Sophie bringen.
Das Problem ist nur: In der DDR ist es verboten, unerlaubt in ein anderes Land zu verreisen. Und die Grenze zwischen den beiden deutschen Staaten wird streng bewacht. Doch Fritzi lässt sich davon nicht abhalten.
Mit der Hilfe von Bela, einem neuen Freund aus ihrer Klasse, schmuggelt sie Sputnik schließlich während eines Klassenausflugs in ein Schullandheim in der Nähe der Grenze und will dort versuchen, ihn zu Sophie zu schleusen. Fritzis Abenteuer ist spannend erzählt

und der Film bleibt spannend bis zum Schluss. Man lernt in dem Film auch viel über das Leben in der DDR und die Zeit vor dem Fall der Mauer. Und das ist sehr interessant.
Fritzi will ihr Ziel unbedingt erreichen und kämpft dafür, auch wenn man sie in der Schule ungerecht behandelt, weil sie gegen Regeln verstoßen hat. Sie gibt nicht auf. Im Gegenteil: Von ihrem Selbstbewusstsein lassen sich auch andere Kinder in ihrer Klasse anstecken, bis immer mehr sich trauen, ihre Meinung zu sagen.
Fritzi ist unglaublich mutig und bereit, sich für Gerechtigkeit und Freiheit einzusetzen. Sie ist einfach eine tolle Filmheldin. Der Film zeigt, was man aus Freundschaft alles erreichen kann und auch, dass man viel erreichen kann, wenn man sich zusammentut. Es ist ein besonderer Zeichentrickfilm, weil er ein ernstes Thema behandelt.

Meine wunderbar seltsame Woche mit Tess

– ein Realfilm –

Wie ging es wohl den letzten Dinosauriern, als sie ausstarben? Wussten sie, dass sie die letzten ihrer Art waren? Mit solchen Fragen beschäftigt sich der zehnjährige Sam sogar im Urlaub auf einer Nordseeinsel und überlegt, was das für sein eigenes Leben heißt.
Seine Lösung: Alleinheitstraining.
So will er sich für die Zeit vorbereiten, wenn seine Familie mal nicht mehr für ihn da ist.
Durch einen Zufall begegnet er der lustigen Tess. Sie ist auf der Suche nach ihrem Vater, der von ihrer Mutter für tot erklärt wurde.
Tess findet aber heraus, dass er noch lebt und lässt sich allerhand einfallen, um auf seine Spur zu kommen. Tess und Sam freunden sich an und Sam erlebt eine ganz besondere Woche voller Aufregungen.
Er lernt mit ihr tanzen und sie lenkt ihn durch ihre wunderbar

seltsamen und merkwürdigen Ideen von seinem Alleinheitstraining ab. Am Film haben uns die Personen und wie sie dargestellt werden gefallen. Alle sind freundlich und hilfsbereit. Es kommen Reiterinnen vor, die Sam auf ihren Pferden bis zum Ferienhaus mitnehmen, und als Sam in Lebensgefahr gerät, wird er von einem alten Strandgutsucher gerettet. Auch Tess fanden wir toll mit ihren Federn im Haar, den bunten Klamotten und ihrem Muschelschmuck. Alle Figuren im Film sind so schön unperfekt und fröhlich und das macht sie so sympathisch.

Die beiden Hauptdarsteller haben es geschafft, die Persönlichkeiten genauso rüberzubringen und haben sehr gut gespielt.

Auch viele kleine Szenen im Film, zum Beispiel die ausgedachten verrückten Fragen bei einer Schnitzeljagd oder wie Sam und Tess sich das Handtuch teilen oder wie beide baden und die Kamera das so filmt, als würden wir mitschwimmen, fanden wir gut.

Es gibt viele Landschaftsaufnahmen, die zeigen, wie schön die Insel ist. Weite, fast menschenleere Sandstrände, Dünen und ein Meer unter blauem Himmel: Da bekam man richtig Lust, dort selbst in den Urlaub hinzufahren.

Obwohl der Film manchmal nachdenkliche Themen wie Alleinsein und Tod anspricht, ist er oft lustig und diese Kombination hat uns gut gefallen. Genau wie Tess es bei Sam macht, holt uns auch der Film immer wieder aus dem Nachdenken heraus und zeigt eine glückliche Sommerferienstimmung. Der Film erzählt dann, dass alles seine zwei Seiten hat. Es ist einfach ein sehr schöner Film über Freundschaft.

1 Wovon handeln die Filme? Erzählt es euch gegenseitig.

2 Was gefällt den Kindern besonders gut? Erkläre.

3 Welche Unterschiede gibt es zwischen einem computeranimiertem Film, einem Zeichentrickfilm und einem Realfilm? Recherchiere.

100 Kinder: 80 haben zu Hause einen Fernseher

Die Zahl der Fernseher wächst auf der ganzen Welt immer noch. Der größte Teil aller Kinder kann irgendein Fernsehprogramm empfangen.

Aber viele Kinder sitzen gar nicht mehr so lange vor dem Fernseher und lassen sich mit dem berieseln, was gerade läuft. Die wirklichen Dauergucker sind die älteren Menschen.

In Deutschland verbringen sie jeden Tag fünf Stunden davor, dagegen schauen Kinder zwischen drei und dreizehn Jahren nur eine Dreiviertelstunde – und von Jahr zu Jahr wird das weniger.

Was den Erwachsenen mehr Sorge macht, ist inzwischen nicht mehr das Fernsehen, sondern die „Bildschirmzeit", also die Zeit, die Kinder insgesamt vor Bildschirmen verbringen – neben dem Fernseher sind das Computer, Smartphones und Tablets.

Eine Untersuchung in England ergab, dass Kinder mehr als sechs Stunden täglich vor einem flimmernden Bildschirm sitzen. Das ist mehr Zeit, als sie mit normalen Spielen verbringen, und zeigt, dass Internetdienste regelrecht süchtig machen können. [gekürzt]

Christoph Drösser

Ein rosa Missgeschick

Paddington machte sich auf den Weg zur Gefängnis-Waschküche. Darin standen vier Waschmaschinen, die beschriftet waren mit: BETTWÄSCHE, HANDTÜCHER, ANSTALTSKLEIDUNG und BUNTWÄSCHE.

Ist ja ganz einfach, sagte sich Paddington. Das kriege ich hin. Er begann die Sachen in die Maschine zu stopfen, auf der „Anstaltskleidung“ stand. Dann füllte er Waschmittel ein, schloss die Tür und drückte auf START.

„So“, sagte er zufrieden. „Jetzt kann ich mich ausruhen und warten.“ Und da sah Paddington mit Schrecken, dass sich außer der Anstaltskleidung noch etwas anderes in der Waschtrommel drehte. Etwas Kleines, Rotes. Es war eine einzelne rote Socke. „Oh nein!“, rief er bestürtzt. „Man darf Farbiges nicht heiß waschen.“

Hektisch drückte er auf sämtliche Knöpfe – vergebens. Das Wasser im Innern war bereits beängstigend dunkelrosa.

Als Paddington später in die Kantine kam, wurde er von einem aufgebrachten Haufen hartgesottener Verbrecher in pinkfarbener Anstaltskleidung umzingelt. Ihre finsteren Blicke verhießen nichts Gutes.

„Hallo Leute!“, sagte Paddington. „Wenn ihr mich fragt – mit dem Pink sieht hier alles gleich viel fröhlicher aus.“

Er schluckte, als er sah, dass T-Bone auf ihn zukam. Der große bullige Mann beugte sich zu ihm hinunter. „Wenn du mich fragst, Bär, solltest du besser die Klappe halten und dein Abendessen genießen, weil es nämlich dein letztes sein könnte.“

Anna Wilson

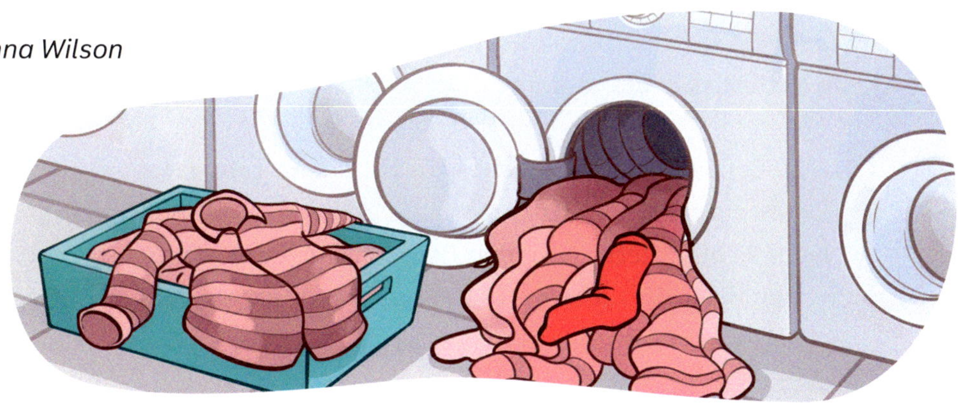

Achte beim Zuhören darauf, warum Jonny einen anderen Bruder möchte.

KLICK!

TAUSCHE NOCH HEUTE NERVIGE BRÜDER UND LÄSTIGE SCHWESTERN
auf unserer Homepage zum Geschwistertausch.
Die Anzeige poppte in einer Ecke des Bildschirms auf. Jonny klickte sie an. Lächelnde Brüder und Schwestern waren zu sehen.
Was für ein verrücktes Paralleluniversum war das? Wo waren die Brüder, die ihre kleinen Brüder damit aufzogen, dass diese nicht gut klettern konnten? Was war mit Beschimpfungen? Jonny konnte sein Glück kaum fassen. Wenn man nur mal überlegte, welche Möglichkeiten die Homepage zum Geschwistertausch bot.
Ein neuer Bruder. Ein Bruder, der ihn nicht als menschliches Faultier bezeichnete. Jonny musste es ausprobieren. Er konnte den neuen Bruder ja zurückgeben, wenn es nicht funktionierte. Er klickte das Bewerbungsformular an.
Kurz bevor Jonny die Anzeige sah, hatten er und sein älterer Bruder Ted sich gestritten. Sie führten ihren Hund spazieren und kamen zu einem Wald, wo seit Ewigkeiten eine ungewöhnlich große Männerunterhose in einem Baum hing. Die Jungen fanden sie supereklig. Nun hatte Jonny blöderweise die Frisbeescheibe in diesen Baum geworfen. „Gut gemacht!“, sagte Ted. „Du hast sie geworfen, also musst du sie auch wieder herunterholen.“ „Na los“, stichelte Ted. „Kletter hoch und hol sie … Was? Du bist ein miserabler Kletterer? Äh, wie bitte? Du hättest es lieber, wenn ich die Scheibe holen würde, weil ich eine Kanone im Klettern bin?“ Langsam und zittrig begann Jonny den Aufstieg.
Nach ein paar Minuten tauchte ein Hund auf, gefolgt von seiner Besitzerin. „Das da oben ist mein Bruder“, sagte Ted und zeigte auf Jonny. „Er hat schon wieder seine Unterhose in den Baum geworfen und muss sie jetzt holen. Entschuldigen Sie, aber ich helfe ihm besser. Er ist so langsam wie ein menschliches Faultier!“

Mit diesen Worten sprang Ted auf den Baum und kam genau in dem Augenblick an seinem Bruder vorbei, als dieser in Reichweite der Frisbeescheibe war. „Hab sie!“, rief Ted, warf sie hinunter, schwang sich dann selbst nach unten und landete elegant auf den Füßen.

Jonny las, was auf der Homepage stand:

MANCHMAL HAT MAN NICHT DEN BRUDER ODER DIE SCHWESTER BEKOMMEN, DIE MAN VERDIENT HÄTTE. UNSER ZIEL IST ES, DAS IN ORDNUNG ZU BRINGEN. FÜLLE EINFACH DAS FORMULAR AUS, UND DU BEKOMMST INNERHALB VON 24 STUNDEN EIN NEUES GESCHWISTERKIND, SORGFÄLTIG AUS UNSERER RIESIGEN DATENBANK AUSGEWÄHLT. SOLLTEST DU NICHT ZUFRIEDEN SEIN, KANNST DU IHN ODER SIE WIEDER ZURÜCKGEBEN.

Unglaublich! Zum ersten Mal boten sich für Jonny über diese Website Macht, Freiheit! Wie gut sich das anfühlte! Er begann, das Formular auszufüllen.

HÄTTEST DU GERNE EINEN BRUDER ODER EINE SCHWESTER?

Jonny setzte ein Häkchen bei „Bruder“. Dann gab es eine ganze Seite darüber, was für einen Bruder Jonny sich wünschte. Rasch klickte er folgende Möglichkeiten an: witzig, abenteuerlustig, mag Essen, mag Sport, mag Hunde. Sein Herz raste.

„Nur ein Klick“, sagte er, „und morgen habe ich einen besseren Bruder!“

Doch dann zögerte er. War das in Ordnung? Mit einem Stirnrunzeln fragte er sich, wie Ted sich wohl fühlen würde, wenn er ausgetauscht wurde, aber bevor er die Überlegung zu Ende führen konnte, hörte er seinen Bruder brüllen.

„Essen, du Loser!“, rief Ted. „Sag Bescheid, wenn du Hilfe brauchst, um die Treppe runterzuklettern.“

Das war's! Zum zweiten Mal an diesem Tag spürte Jonny, wie die Wut in ihm brodelte. Jetzt reichte es! „Ich bin also der dämliche kleine Bruder, ja? Tja, hier ist etwas, das ich richtig gut kann“, murmelte er, reckte das Kinn vor und bewegte den Mauszeiger auf „Senden“. KLICK!

„Fertig!“, sagte er und klappte den Laptop zu. [verändert, gekürzt]

Jo Simmons

1 Warum möchte Jonny einen anderen Bruder haben? Erzähle.

2 Vermute, wie die Geschichte weitergeht.

› lebendige Vorstellungen beim Hören literarischer Texte entwickeln
› Inhalte zuhörend verstehen

Ausgetrickst

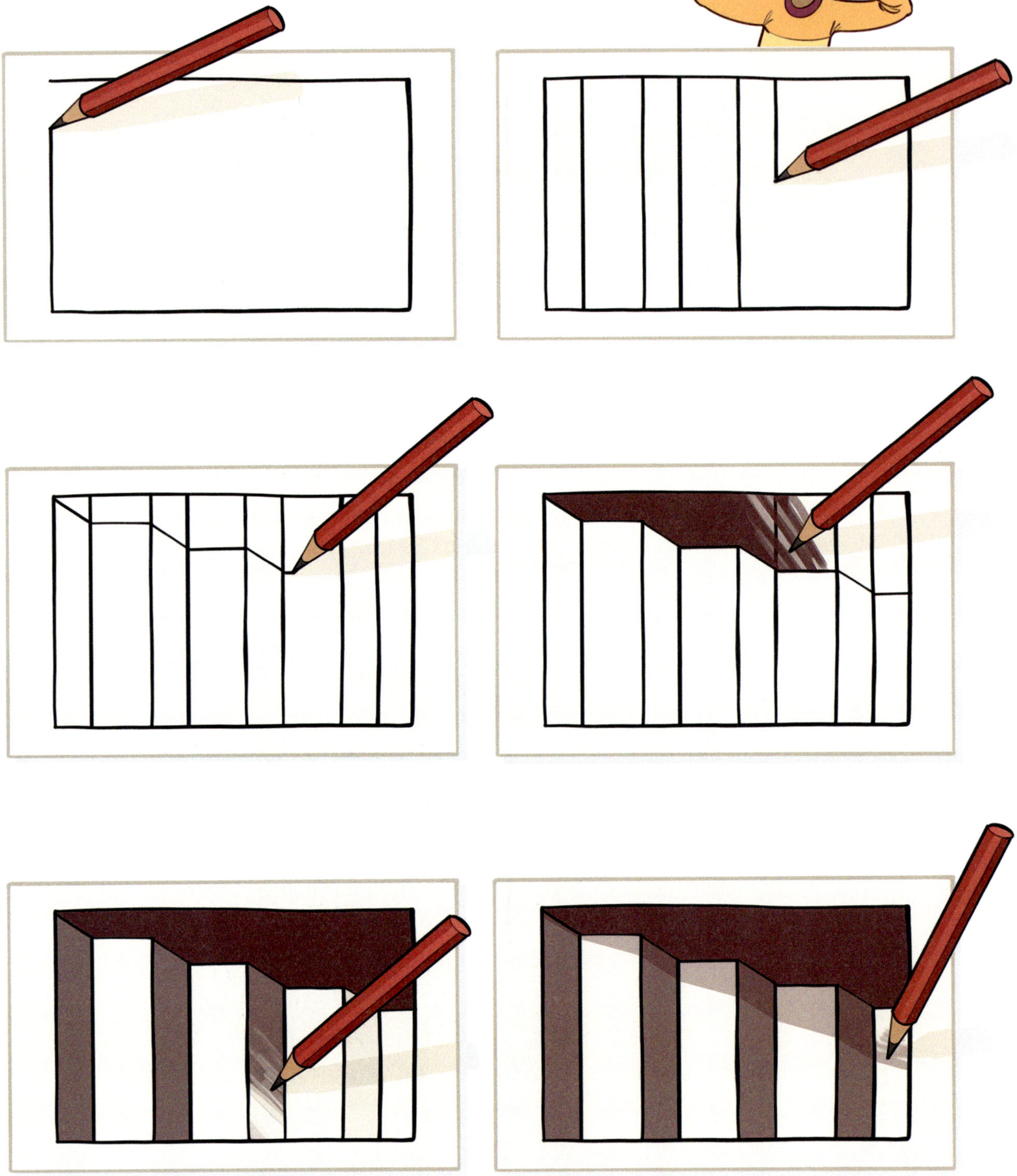

Welche Figur ist am größten?

Kaum zu glauben

Denkt ihr auf den ersten Blick, dass die untere Strecke zwischen den Pfeilen länger ist?
Scheint nur so, stimmt aber nicht!
Messt ruhig nach!

Auch wenn wir eigentlich nur die Strecken in der Mitte vergleichen wollen, nimmt unser Gehirn zusätzlich die gesamten Figuren wahr. Und da ist eindeutig die untere länger. Also erscheint uns auch ihre mittlere Strecke länger als in der Figur oben.

UNTER DER LUPE

1 Probiere, alle Zeilen eines Abschnitts in der richtigen Reihenfolge flüssig zu lesen.

2 Lies einem Partnerkind vor.

Auch Filme brauchen ein Buch

in dem alle Anweisungen stehen. Und weil dieser
→ **Für einen Film** benötigt man einen besonderen Text,
Text in ein Buch geschrieben wird, mit dem man dann
den Film dreht, nennt man dieses Buch *Drehbuch*.

und die Orte genau beschrieben. Außerdem enthält
die Schauspieler und Schauspielerinnen sprechen.
→ **Im Drehbuch** werden die Handlung, die Figuren
das Drehbuch die Dialoge, also den Text, den später

Dabei werden Teile aus den Büchern weglassen. Vielleicht
wird der Film sonst zu lang oder die Dinge im Buch spielen
→ **Manchmal wird** zu einem Buch ein Drehbuch geschrieben.
sich nur in den Gedanken der Figuren ab.

wird und sich freut, die Buchgeschichte noch einmal auf der
Leinwand zu erleben. Man kann aber auch enttäuscht werden,
wenn der Film ganz anders ausschaut als gedacht.
→ **Es kann sein,** dass man beim Filmeschauen überrascht

Ansichtssache

Kamera-Einstellungsgrößen bestimmen, worauf wir unsere Aufmerksamkeit richten sollen. Fünf Einstellungsgrößen werden hier vorgestellt.

Die **Totale** zeigt, wie die Umgebung aussieht und wo die Szene spielt.

Die **Halbnah-Einstellung** zeigt die Personen ab der Hüfte aufwärts. Sie wird häufig benutzt, wenn sich Personen unterhalten.

Die **Nah-Einstellung** ist die„Nachrichtensprecher-Einstellung“. Man sieht dabei die Person von der Brust an aufwärts. Der Gesichtsausdruck ist gut erkennbar.

Die **Großaufnahme** von Personen zeigt nur den Kopf und Hals. So kann man die Gefühle im Gesicht einer Person gut ablesen.

Bei der **Detailaufnahme** wird ein kleiner Ausschnitt extrem vergrößert gezeigt. So bekommt er eine besondere Bedeutung.

1 Fotografiere in jeder Kameraeinstellung ein Beispiel.

› handelnd mit Texten umgehen: fotografieren
› digitale Medien nutzen

Detektivwissen üben + überprüfen

EineTextstelle zu einem Rollenspiel ausarbeiten

Das konntest du auf den Seiten 100–103 üben.
Hier kannst du weiterüben und überprüfen, ob du es kannst.
Suche dir dafür einen der beiden Texte aus.

In der Bücherei

Es war jedes Mal das Gleiche, wenn die LUPE-Kinder zusammen in die Bücherei gingen: Umut verschwand sofort in die Ecke mit den CDs. Auch diesmal saß er gemütlich mit dem Kopfhörer auf den Ohren da und lauschte konzentriert einem Hörbuch. Die anderen gaben nur schnell ihre ausgeliehenen Bücher zurück. Dann versuchten sie, Umut von seinem spannenden Hörbuch loszueisen. Sie hatten doch mit Paul verabredet, ihn zum Tischtennistraining zu begleiten. Der Trainer hatte erlaubt, dass die Freunde diesmal zuschauen durften. Elsa, Lulu und Paul war es wichtig, pünktlich zu sein. Jetzt suchte Umut auch noch umständlich seine Büchereikarte, denn natürlich wollte er sich das Hörbuch ausleihen. Die anderen wurden immer ungeduldiger ...

Schauspieler gesucht

Aufgeregt kam Elsa morgens auf den Schulhof. Sie erzählte den anderen LUPE-Kindern, was sie beim Frühstück in der Zeitung gelesen hatte. Der Kinderkrimi „Der Wikingerschatz“ sollte verfilmt werden. Das war ein Buch, das sie alle schon begeistert gelesen hatten. Kinderdetektive wie sie hatten der Polizei geholfen, einen geraubten Wikingerschatz wiederzubeschaffen.

Jetzt wurden Kinder für die Rollen der Detektive gesucht. Das war mal eine Neuigkeit! Sofort waren die Freunde Feuer und Flamme. Umut flitzte zum Hausmeister und lieh sich seine Zeitung aus. Das wollte er mit eigenen Augen lesen. Laut las er vor, dass in zwei Wochen ein Casting sein sollte. Natürlich würde Team LUPE dahin gehen und sich für die Rollen bewerben. Die Kinder überlegten, was man beim Casting wohl machen musste und was sie sagen könnten. Aber plötzlich fiel Lulu ein, dass in dem Buch ja nur drei Kinderdetektive vorkamen...

1 Schreibe ein Drehbuch zu der Szene, die du dir ausgesucht hast.

2 Übe das Rollenspiel mit anderen Kindern ein und spielt es eurer Klasse vor.

Tipp
Seite 166

Schätze ein, ob dein Drehbuch eine gute Grundlage für das Rollenspiel war, und notiere.

› sich in eine Rolle hineinversetzen und sie gestalten
› Situationen in verschiedenen Spielformen szenisch entfalten
› handelnd mit Texten umgehen: inszenieren

Kapitel 6

träumen – fragen – nachdenken

ICH BIN | KLICH
GANZ | R VOR GLÜCK
ES | KT SO
UN | KLICH SCHÖN
DAS | UNS

WIR

HABEN
UNS

Antje Damm

Glück ist das einzige,
das sich verdoppelt,
wenn man es teilt.

Albert Schweitzer

Kannst du die Glücksrechnung erklären?

Montag	Dienstag	Mittwoch	Donnerst
Sport	Deutsch	GLÜCK	Sachunte
ort	Deutsch	Mathe	Englisc
	Kunst	Deutsch	Englis

Kann man Glück lernen?

Glücksgedicht

Zum Glück
sitzt die kleine Mück
ein Stück
weg an der Wand
von der Hand,
die neben ihr niederkracht
und Wind genügend macht,
der sie hebt –
und sie schwebt
hinweg ein gutes Stück
zum Glück.

Peter Härtling

Helfen Glücksbringer?

› sich an Gesprächen beteiligen
› mit anderen über Texte sprechen

Die Glückskatze

„Schaut mal!“, sagt Elsa und zeigt Umut, Paul und Lulu ein Foto. Darauf ist eine Katzenmutter mit zwei Jungen. Das eine Kätzchen ist weiß, das andere schwarz-weiß-rot.

„Dreifarbige Katzen sind ziemlich selten“, weiß Paul. „Man sagt, sie bringen Glück.“

„Sind die süß!“, ruft Lulu. „Ich liebe Katzen!“ Elsas Nachbarin Petra möchte die Kätzchen verschenken. Lulu träumt schon lange von einer Katze, aber bisher durfte sie keine haben. Ihr Papa findet, dass es zu viel Arbeit macht. „Frag ihn einfach noch mal“, sagt Umut zu Lulu. „Vielleicht erlaubt er es ja doch.“ Elsa nickt. „Das würde ich auch tun. Aber Uno und eine Katze, das geht leider gar nicht.“ Murmel knurrt. Alle lachen, und Paul krault seine Hündin am Kopf. „Alles gut.“

Ihre Freunde haben Lulu Mut gemacht. Das Abendessen ist eine gute Gelegenheit. Lulu wartet, bis Papa den Nachtisch, seinen geliebten Schokopudding aufgegessen hat. Danach erzählt sie ihm von den Kätzchen und fragt, ob sie eins davon haben könnte. Papa seufzt. „Ach, Lulu! Ein Haustier bedeutet eine große Verantwortung. Du müsstest nach der Schule direkt nach Hause kommen und dich um die Katze kümmern.“ Lulu verspricht es. „Ich bin in letzter Zeit viel zuverlässiger geworden. Hast du selbst gesagt.“

„Ja, das stimmt.“ Papa zögert. „Dir ist klar, dass eine Katze nicht nur zum Spielen da ist?“ Lulu nickt. „Füttern, Katzenklo reinigen und so weiter. Das mache ich alles gerne.“ Papa seufzt wieder. „Also gut. Du darfst dir ein Kätzchen aussuchen.“ Lulu kann ihr Glück kaum fassen. Sie springt auf, lacht und tanzt durchs Zimmer. „Können wir heute noch hinfahren?“ Papa schüttelt den Kopf. „Heute ist es zu spät, Schatz, aber morgen sollte es klappen.“

Am nächsten Tag fährt Lulu mit Papa zu Elsa. Zu dritt besuchen sie Petra, Elsas Nachbarin. Petra legt den Zeigefinger auf den Mund. „Seid bitte leise, die Kätzchen schlafen gerade.“ Das weiße Kätzchen hat die Augen fest zu. Seine Mama schleckt es zärtlich. Das schwarz-weiß-rote Kätzchen öffnet seine grünen Augen, blinzelt und sieht Lulu an. „Hallo du, wie geht es dir?“, flüstert Lulu.

Das Kätzchen miaut und streckt seine Pfote aus. Lulus Herz hüpft vor Freude. Petra nimmt das Kätzchen hoch und legt es Lulu in den Arm. Dort fängt es gleich an zu schnurren. Lulu flüstert ihm ins Ohr: „Willst du meine Glückskatze sein?“ Das Kätzchen schmiegt sich in Lulus Armbeuge. Elsa lächelt. „Ich glaube, es mag dich.“

Lulu ist sooo glücklich! Sie darf das Kätzchen behalten, bedankt sich und geht zur Tür. Plötzlich strampelt die Glückskatze. Jetzt wacht das weiße Kätzchen auf und miaut ganz laut. Die Glückskatze springt mit einem Satz auf den Boden und läuft zu ihrer Schwester. Sobald die beiden zusammen sind, schlecken sie sich gegenseitig ab. Dann balgen sie fröhlich herum. „Sie mögen sich sehr gern“, erzählt Petra. „Am besten gebe ich dir dein Kätzchen noch mal, und du gehst ganz schnell mit ihm aus dem Zimmer.“ „Alles klar“, sagt Lulu. Doch sobald sie ihre Glückskatze wieder auf dem Arm hat, miauen beide Kätzchen verzweifelt. Sie wollen nicht getrennt werden!

Lulu kommen die Tränen. „Was soll ich denn jetzt machen?“

„Wir können leider nur ein Kätzchen nehmen“, sagt Papa. „Wir haben nicht so viel Platz.“ Lulu setzt sie auf dem Boden ab. Wieder begrüßen sich die Kätzchen stürmisch. Lulu wischt sich eine Träne aus dem Auge. „Ich kann das nicht“, murmelt sie, „ich kann das nicht. Tschüss, Glückskatze!“ Lulu rennt aus dem Zimmer. Elsa läuft ihr nach und sagt: „Ich versteh dich so gut, Lulu. Es tut mir so leid für dich!“

Lulu fährt mit Papa zurück in die Wohnung. Sie ist so traurig und muss dauernd an die Glückskatze denken. Plötzlich klingelt es. Umut, Elsa und Paul stehen vor der Tür. Paul sagt: „Das ist ein Fall für TEAM LUPE. Wir helfen dir, Lulu.“ Die Freunde gehen in Lulus Zimmer und setzen sich an den Tisch. „Also“, überlegt Umut. „Die Kätzchen dürfen nicht getrennt werden, stimmt's? Und du, Lulu, willst deine Glückkatze nicht verlieren. Irgendwie muss das doch beides gehen!“

Die Freunde grübeln. Irgendwann steht Lulu auf und sagt: „Ihr seid lieb, aber dieser Fall lässt sich nicht lösen. Meine Katze hat eine Schwester, mit der sie sich super versteht. Sie hat so viel Glück. Und ich möchte, dass sie immer glücklich bleibt. Das ist das Allerwichtigste.“

Henriette Wich

Karlas ziemlich fabelhafter Glücksplan

Karlas Mutter ist unglücklich, weil sie einen sehr ungerechten und unfreundlichen Chef hat. Karla und ihre Freundin Nino finden, dass sich das ändern muss, und statten Herrn Schubert in seinem Büro einen Besuch ab.

„Herr Schubert?“, frage ich leise. Er antwortet mir nicht, sondern betrachtet mich kalt über den Rand seiner Brille. „Was?“, bellt er. Als Nino ihren Geigenkasten öffnet, wird Herr Schubert sogar noch unfreundlicher. „Raus! Sofort!“, brüllt er uns an. Ich melde mich zu Wort. „Also, Herr Schubert, wir sind hier, um Ihnen die Meinung zu geigen.“ Herr Schubert guckt mich an, als wäre ich wahnsinnig. „Ihr seid was?“, fragt er ratlos.

Nino holt ihre Geige aus dem Geigenkasten heraus. Wir müssen kurz kichern. Wir kichern, weil Herr Schubert uns anblickt, als hätten wir sie nicht alle. Wir kichern, weil Papa recht hat. Wenn man etwas ganz wörtlich nimmt, kann es ziemlich lustig werden, „Raus hier!“, sagt Herr Schubert ein zweites Mal unfreundlich. „Gleich“, sagt Nino freundlich. Sie hat ihre Geige ausgepackt und klemmt sie sich unters Kinn. „Es geht jetzt wirklich nur darum, die Sache wörtlich zu nehmen.“

Nino nickt Herrn Schubert auffordernd zu. Der ist so perplex von der Situation, dass er einfach nur zurücknickt. Dann fängt Nino an, das einzige Stück zu spielen, das sie auswendig kann, nämlich *Leise rieselt der Schnee*. Es passt natürlich nicht so gut in den Sommer. Vor allem klingt es wie immer furchtbar, wenn Nino spielt.

Herr Schubert will zum Telefon greifen, aber da habe ich schon meinen Zettel ausgepackt. Ich lese ihm vor: „Meine Meinung: Ich finde es nicht gut, dass Sie meine Mutter immer länger arbeiten lassen. Manchmal bis nach dem Abendessen, obwohl sie um vierzehn Uhr schon Feierabend hat. Ich finde es nicht nett, dass sie meiner Mutter drohen, dass sie ihren Job verlieren kann.

Ich finde es nicht nett von Ihnen, dass Sie meine Mutter und andere sogar am Wochenende zum Arbeiten zwingen. Ich fände es besser, wenn Sie mal nett sind. Am besten nehmen Sie nicht immer alles so ernst. Dann haben Sie mehr Spaß. Und alle anderen auch."

Nino bricht das Geigen ab und wir gucken uns begeistert an. Wir haben wirklich Herrn Schubert die Meinung gegeigt. Wir müssen kichern. Herrn Schubert ist nicht zum Lachen zumute. Im Gegenteil! Er schnaubt ein paar Mal laut und steht wütend auf. Er drückt Nino den Geigenkasten in die Hand und schiebt uns unsanft aus seinem Büro. Dann knallt er die Tür zu. Karla weiß, dass der Fall noch nicht erledigt ist. [verändert, gekürzt]

Alexandra Maxeiner

1 Warum nimmt Nino ihre Geige mit zu Herrn Schubert? Finde die Textstellen und lies sie vor.

Tipp Seite 166

2 Spielt die Szene zu dem Text.

Tipp Seite 168

3 Bereite den Text zum Vorlesen vor und präsentiere ihn in der Klasse.

Sieben auf der Suche

Woher sie kamen, weiß niemand genau. Sie seien bei der Produktion eines Zeichentrickfilms übriggeblieben, sagen die einen. Andere behaupten, ein Comic-Zeichner habe sie entwickelt und dann vergessen.

Eine Ente war dabei. Sie war blau und hatte Adlerflügel. Die anderen sechs waren: Siebenhonig, ein dicker, plumper Bär; das Propellerschweinchen; Wandernder Baum (eine Lärche); ein Stecknadelsaurier, den man fast nur mit der Lupe sah; das griesgrämige Hundegnu; zuletzt der kleine Roboter, der nach Maschinenöl duftete.

Sie wanderten durch das Land, über Hügel und Berge, durch Täler und Ebenen. Jeden Abend setzten sie sich um ein Lagerfeuer. Und jeden Abend erzählte ein anderer seine Geschichte.

„Ich soll erzählen?“, quiekte das Propellerschweinchen. „Vor so vielen Leuten?“
„So viele sind wir ja gar nicht“, beruhigte der kleine Roboter. Siebenhonig legte dem Schweinchen eine Pranke freundschaftlich auf den Rücken.
Da räusperte es sich und sage leise: „Ich bin ein Prototyp.“
„Heißt das nicht Photosieb?“, wollte das Hundegnu wissen.
„Ein Prototyp“, erklärte das Schweinchen stolz, „ist ein Einzelstück von einer Erfindung! Mich hat ein Spielzeug-Erfinder erfunden.“
„Du bist gar kein tierisches Tier?“, fragte das Hundegnu. „Du bist nur ein Photosieb?“
Das Propellerschweinchen schluckte und wusste nicht, was es sagen sollte. „Jetzt sei einmal still“, brummte Siebenhonig.

„Der Spielzeug-Erfinder hat sich gedacht: Was gibt es noch nicht?“, begann das Propellerschweinchen von neuem. „Worüber könnten Kinder sich freuen? Was ist putzig und lieb und rosa und passt trotzdem in unser technisches Zeitalter?“

Das Propellerschweinchen machte eine Sprechpause, diesmal aber nicht, weil ihm nichts einfiel. Diesmal, weil es einfach stolz war.
„Und dann hat er mich ausgedacht“, erklärte es schließlich.
„Kein schlechter Einfall“, flüsterte der Stecknadelsaurier.
„Mein Erfinder hat mich erst gezeichnet und dann gebaut. Schöner als erwartet! Leider ist ihm das Geld ausgegangen, deshalb gibt es nur mich und keine Geschwister von mir. Kein Spielzeughersteller hat ihm Geld gegeben, damit er neue Propellerschweinchen bauen konnte. Das war ihnen zu teuer. Ein Direktor sagte: ‚Das Schweinchen ist viel zu harmlos. Wenn es Vampirzähne hätte, könnte es ein Verkaufsschlager werden.‘
Doch das war meinem Erfinder nicht recht.“
„Und wo ist dein Erfinder jetzt?“, fragte der kleine Roboter.
„Wenn ich das nur wüsste!“, seufzte das Schweinchen.
„Eines Tages hat er mich zu stark aufgezogen – und da bin ich wegpropellert, über den Fluss und über die Berge, bis hin zu euch.“
„Schön für uns“, sagte der kleine Roboter.
„Wir haben eh noch ein Photosieb gebraucht!“, knurrte das Hundegnu.

[verändert , gekürzt]

Georg Bydlinski

1 Bereite den Text zum Vorlesen vor und präsentiere ihn.

Tipp
Seite 168

2 Was macht das Propellerschwein glücklich? Vermute. Schreibe deine Vermutung auf.

3 Jeden Abend erzählt ein anderer am Lagerfeuer seine Geschichte. Entscheide dich für eine Figur und erzähle aus ihrer Sicht.

› Perspektiven einnehmen
› eigene Gedanken zu Texten entwickeln
› Texte zum Vorlesen vorbereiten und sinngestaltend vorlesen

Da haben wir den Salat!

Diese Redewendung erzählt in einem Satz von einer Erfahrung, die schon viele Menschen gemacht haben: Da ist etwas schiefgelaufen. Pech gehabt! Auf der ganzen Welt gibt es Sprichworte und Redewendungen, die ganz unterschiedlich ausdrücken, dass jemand gerade kein Glück hat.

Suche dir einen Text aus und lies ihn.

Brasilien: Tor für Deutschland! Das ist mein 7:1.

Die Zuschauer im Stadion erwarteten ein großes Fußballspiel. Es war im Jahr 2014 in Brasilien. Das Halbfinale der Weltmeisterschaft wurde ausgetragen. Die Deutschen spielten gegen die Brasilianer. 200 Millionen Fußballbegeisterte in ganz Brasilien erwarteten von ihrer Nationalmannschaft, dass sie im eigenen Land den Titel holen sollte.

Gleich nach dem Anpfiff stürmten die Brasilianer auf das deutsche Tor zu, und sechs Minuten lang ging das so weiter. In Minute zwei gab es eine gute Torchance. Dann spielten die deutschen Fußballer immer besser. Das erste Tor fiel in der 11. Minute. Für Deutschland. „Na, das kann schon mal vorkommen“, dachten sich die Brasilianer und spielten eifrig weiter. Zwölf Minuten später kam es schon wieder vor. 2:0 für Deutschland. Und eine Minute später wieder. 3:0 für Deutschland. So ging es immer weiter.

Schließlich stand es 6:0. Längst hatte die Fußballwelt Mitleid mit Brasilien. Es kam noch schlimmer. 79. Minute: Tor für Deutschland. In der letzten Minute gelang den Brasilianern doch noch ein Tor, sodass es am Ende 7:1 für Deutschland hieß. Viele Brasilianer, ob Spieler oder Zuschauer, waren tieftraurig, viele weinten.

Kurz danach gab es zwei neue Sprichwörter in Brasilien. Wenn etwas Unglückliches passiert, seufzt man seitdem: **Tor für Deutschland!** Und wenn jemand eine schlimme Niederlage erlebt, stöhnt er: **Das ist mein 7:1.** [verändert und gekürzt]

Finnland: Ich warte hier mit dem Bart im Briefkasten.

Mikka war trotz seiner 54 Jahre und seinem schönen Vollbart innerlich immer noch so neugierig wie ein Kind. Auf dem Weg, um die Post zu holen, zog er die Fellmütze noch tiefer ins Gesicht und schwang sich auf den Hundeschlitten.

Der Weg vom Haus bis zum Briefkasten war noch lang. Wie alle Nachbarn musste er bis zur Hauptstraße, wo gleich zwanzig Briefkästen auf Pfählen standen. So brauchte die Postbotin nur an einer Stelle die ganze Post einzuwerfen. Als Mikka bei den Postkästen mitten in der weiten, eisigen Landschaft angekommen war, ließ er den Schlitten stehen.

Aus seinem Postkasten schaute nichts hinaus. Er öffnete die Klappe, beugt sich nach vorn, um auch nicht die kleinste Postkarte zu übersehen. Er sah im Dunkel des Kastens – nichts. Autsch, tat das weh! „Das kommt davon, wenn man seinen Kopf zu lange in den Postkasten steckt!“, seufzte Mikka. Sein Bart, feucht vom Atem, war innen festgefroren. Da half kein Jammern und kein Ziehen. Er stand da wie der letzte Idiot.

Eine Hoffnung hatte er: Die Postbotin Kati Pellonpää könnte auf dem Rückweg zurückkommen. Es dauerte eine Ewigkeit.

Kati half. Sie richtete den starken Scheinwerfer ihres Post-Schneemobils auf den Postkasten. In Minuten taute der Eisbart los.

Wegen ähnlicher Geschichten, die man sich dort erzählt, sagt man in Finnland, wenn man in einer üblen Lage ist, aus der man ohne Hilfe nicht mehr rauskommt: ***Ich warte hier mit dem Bart im Briefkasten.***

[verändert und gekürzt]

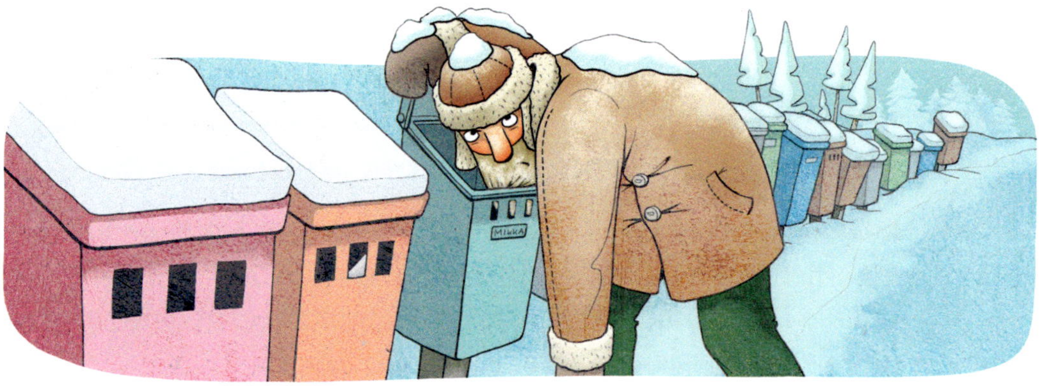

USA: Houston, wir haben ein Problem.

Am 11. April des Jahres 1970 starteten drei Astronauten zum Mond. Ihre Mission nannte sich „Apollo 13“. Die erste Mondlandung im Juli 1969 war noch eine Sensation gewesen, die zweite noch aufregend, für die dritte Reise interessierten sich die Amerikaner viel weniger.

Das änderte sich schlag-, ja explosionsartig, als auf dem Flug zum Mond und knapp 56 Stunden nach dem Start ein Sauerstofftank explodierte. Die Astronauten meldeten an die Kontrollstelle auf der Erde, die sich in der Stadt Houston befand: „Okay, Houston, wir haben ein Problem gehabt.“ Doch es stellte sich schnell heraus, dass es kein Problem, sondern eine lebensbedrohliche Katastrophe für die drei war. Zum Glück hatte die Explosion die Hülle des Raumschiffs nicht durchlöchert, aber es fehlte plötzlich an Strom, Wasser, Sauerstoff.

Die drei Astronauten und Dutzende Experten am Kontrollzentrum in Houston arbeiteten fieberhaft an einer Rettung. Schnell wurde klar, dass „Apollo 13“ erst den Mond umrunden musste, um genügend Schwung für eine Rückkehr zur Erde zu haben. Auf diese Weise entfernten die Astronauten sich 400 000 km weit von daheim. Bis heute kam kein Mensch weiter ins All. Längere Zeit gab es keinen Funkkontakt mit den Astronauten. Ergaben sich im letzten Moment tödliche Probleme? Nein, sechs Tage nach dem Start wasserte die Landekapsel im Ozean, und drei Astronauten erblickten vollkommen erschöpft das Tageslicht.

Ein Vierteljahrhundert später kam der Film „Apollo 13“ in die Kinos, der sehr erfolgreich war. Und was man schon zuvor manchmal gehört hatte, das wurde zu einem allgemeinen Sprichwort, weil es Millionen im Kino hörten:
Houston, wir haben ein Problem.
Es bedeutet, dass etwas Unangenehmes passiert ist.

[verändert, gekürzt]

Rolf-Bernhard Essig

1 Stellt euch gegenseitig die Redewendungen vor. Erklärt ihre Herkunft und Bedeutung.

2 Erzählt euch von selbst erlebten Situationen, zu denen die Redewendungen passen.

3 Woher kommt die Redewendung „Da haben wir den Salat“? Recherchiere.

› Texte mit eigenen Worten wiedergeben
› Informationen im Internet suchen
› eigene Gedanken zu Texten entwickeln

Berufe der Zukunft

Vor dreihundert Jahren gab es den Beruf des Aufweckers. Das weiß heute kaum noch jemand. Die Erfindung des Weckers machte diesen Beruf überflüssig. Dafür sind andere Berufe entstanden. Veränderungen der Lebensumstände erfordern neue Berufe. Das wird auch in Zukunft so sein.

Abfalldesignerin/Abfalldesigner

Vor allem Plastikmüll wird zunehmend ein Problem. Gut wären da Abfalldesigner, die zum einen Ideen entwickeln für hochwertige Produkte aus Abfall. Zum anderen sind Ideen wichtig, die helfen, unnötigen Müll gar nicht erst herzustellen. Eigentlich müsste es diesen Beruf schon längst geben.

Bäuerin/Bauer in der Stadt

Es wird in Zukunft immer mehr Menschen geben, die in Städten leben. Damit alle satt werden, müssen dann auch in den Städten viel mehr Lebensmittel produziert werden. Sie könnten in Plantagen auf Hochhausdächern oder direkt an Hauswänden wachsen. Städtische Bauern sollten die Pflanzen mit möglichst wenig Energie züchten können.

Telechirurgin/Telechirurg

Schon heute müssen Menschen lange auf Operationen warten oder weite Wege zu einem Spezialisten auf sich nehmen. Eine Idee für die Zukunft ist, dass ein kleines Team im Krankenhaus einen Menschen nur noch für eine Operation vorbereitet. Die Operation an sich führt eine Ärztin oder ein Arzt durch, die/der aus der Entfernung über einen Computer Roboterhände steuert.

› altersgemäße Texte flüssig lesen

Kann man Glück lernen?

Alle Kinder sollen umgeben von Liebe, Verständnis und Glück aufwachsen. Dieses Anliegen haben inzwischen Politiker aus rund 200 Ländern in der UN-Kinderrechtskonvention von 1989 unterschrieben. Wir brauchen viele Ideen, um dieses Ziel zu erreichen. Eine davon ist Glücksunterricht.

In einer Schule in Nordrhein-Westfalen steht einmal in der Woche „Glück“ auf dem Stundenplan der vierten Klassen. „Glück“ ist kein richtiges Unterrichtsfach, für das es Noten gibt. Es ist eine Arbeitsgemeinschaft, die die Kinder freiwillig besuchen können. Obwohl niemand kommen muss, nehmen alle Kinder aus den vierten Klassen teil. Es scheint sich also zu lohnen...

Wie lernt man Glück? Die Kinder machen sich zusammen Gedanken darüber, was sie glücklich macht. Sie überlegen aber auch, was ihre eigenen Talente und Stärken sind und was sie sich für die Zukunft wünschen. In Spielen und Experimenten erleben sie, wie gut es ist, zusammen Probleme zu lösen. Und weil Komplimente glücklich machen, gibt's davon reichlich im Glücksunterricht.

Die Schulleiterin erklärt: „Das Leben ist ein Abenteuer. Nicht auf jedes Abenteuer kann man sich vorbereiten. Aber zufriedene und starke Kinder könnnen fröhlich neue Herausforderungen angehen. Die Glücksstunden sollen mit Spaß in einer entspannten Atmosphäre* dazu beitragen.“ Viele Kinder an der Schule wünschen sich viel mehr als nur eine Stunde „Glück“ auf dem Stundenplan.

*Atmosphäre → Stimmung, Umstände

Achte beim Zuhören darauf, welches Missverständnis entsteht.

Eine gute Idee?

GRRRRROUMMS!!! Ein ganzer Meteoritenschwarm fällt mir vom Herzen. Ich bin gerettet. Das Raumschiff ist noch da! Einen Moment überlege ich, ob ich vor Glück auf die Knie sinken soll. Das wäre bestimmt voll der Hingucker. Aber ich lasse es – wir sind ja nicht im Kino – und taumele auf mein Schiff zu. Die metallgrauen Platten blitzen in der Sonne und ich bin wie geblendet. Trotzdem sehe ich: Alles ist startklar. Die Antriebsdüsen brummen und die Mannschaft sitzt auf ihren Plätzen. Nur die Einstiegsrampe ist noch geöffnet. Sie warten nur auf mich, ihren Captain!

Meine Hände stoßen gegen etwas Kaltes, Glattes, Durchsichtiges. Uns trennt eine Schaufensterscheibe. Und vor allem: das Preisschild. Die Zahl kann man genauso gut durch das Zeichen für unendlich ersetzen. Bei meinem Taschengeld macht das keinen Unterschied – da kann ich sparen, bis ich Opa bin.

Beim Abendbrot frage ich meine Eltern, was ich tun kann, um meinem Raumschiff näher zu kommen. Aber die haben zuerst auch keine Ideen. Dann hat meine Mutter eine Erleuchtung. Glaubt sie zumindest.
„Bastian, wie wär's mit unserer Nachbarin?“, schlägt sie vor. „Die kann bestimmt Hilfe brauchen. Im Haus, im Garten ...“ „Die alte Brommelbacher?“ Lustlos falte ich ein Salatblatt auf Mundgröße zusammen. „Ja, wieso nicht?“ Meine Mutter klingt richtig begeistert. „Oder du könntest für sie einkaufen.“
„Aber Mama! Die Brommelbacher ist total geizig. Der kann ich Berge in die Bude schleppen und krieg nicht mal eine Tüte Gummibärchen.“
„Jetzt übertreibst du aber.“
„Gar nicht“, antworte ich. „Einen Versuch wäre es wert.“
„Könnt ihr nicht doch mein Taschengeld ...?“ „NEIN!“ Meine Mutter schnappt sich den Brotaufstrich und kratzt darin herum, als ob davon das Überleben der Menschheit abhinge. Okay, ich habe verstanden.
Das Thema ist für sie erledigt.

Samstagvormittag. Ich stehe vor der Tür unserer Nachbarin und klingele – und hoffe, dass sie nicht da ist. Verreist, für mindestens einen Monat.

Ich halte es nach wie vor für eine Schnapsidee, aber meine Mutter hat nicht lockergelassen. Sie hält es für eine ausgezeichnete Idee. Kein Wunder, ist ja auch von ihr. Drinnen höre ich schlurfende Schritte, dann öffnet sich die Tür. Nur einen Spalt, soweit die Sicherheitskette es erlaubt. Ein aschgraues Auge starrt mich an. Wie von einem Raubvogel. Ansonsten erinnert mich die Brommelbacher eher an diese Hunde. Boxer heißen die, glaube ich.

Bei ihr im Gesicht hängt nämlich alles nach unten: die Backen, die Mundwinkel, die Haare .... einfach alles. Die Brommelbacher war bestimmt schon als Baby miesepetrig. „Was willst du hier?“, fragt sie. „Ich wollte fragen, ob ich Ihnen etwas helfen kann. Im Haus oder beim Einkaufen oder so.“

„Was ist denn mit dir los?“ Misstrauisch guckt sie mich an. „Ist das eine neumodische Art von Klingelstreich?“ „Nein, im Ernst, ich dachte ...“

Ich verstumme. Dass ich (oder besser meine Mutter) gedacht habe, dass es für meine Hilfe eine Belohnung geben müsste, traue ich mich nicht zu sagen.

„Du denkst?“ „Ja ... ähm ... natürlich.“ „Und was dachtest du?“ „Ach nix ...“

„Willst du mir meine Handtasche klauen?“ „Wie kommen Sie denn auf die Idee?“

Entrüstet schaue ich sie an. „Ich dachte, Sie freuen sich!“

„Dann hast du ja doch was gedacht.“

Die Brommelbacher lacht meckernd und drückt mir die Tür vor der Nase zu. Ich stehe da wie der Neandertaler vorm Kaugummiautomaten. Was soll das?

Aber dann öffnet sie wieder. Ohne Sicherheitskette.

„Na, das ist ja schön, dass es noch echte Nächstenliebe gibt“, sagt sie und winkt mich rein. „Ich wusste gar nicht, dass du so ein netter Junge bist.“

Das wusste ich bisher auch nicht. [verändert, gekürzt]

Jörg Isermeier

1 Erkläre das Missverständnis.

2 Was würdest du an Bastians Stelle tun? Erzähle und begründe.

› Inhalte zuhörend verstehen
› bei der Beschäftigung mit literarischen Texten Sensibilität und Verständnis für Gedanken und Gefühle zeigen

Das ist doch Zauberei!

Materialien:
drei Papierstreifen 6 x 40 cm, Klebestift, Schere

Vorbereitung:

Klebe jeden Streifen an den Enden als Ring zusammen.
Streifen 1:

Streifen 2 und 3 werden vor dem Zusammenkleben der Enden einmal um sich selbst gedreht.

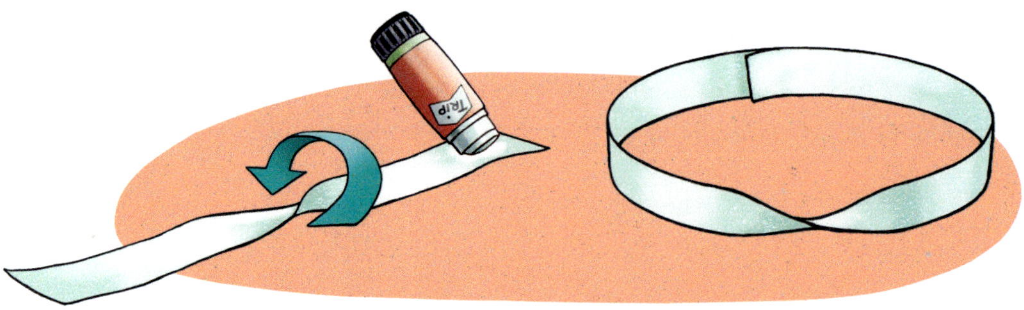

Jetzt geht's los!

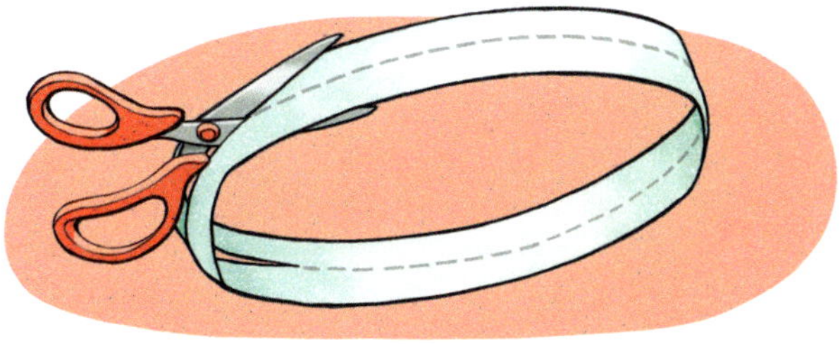

Zerschneide den Ring 1 genau entlang der Mitte. Vermute vorher, was passiert.

Richtig: Jetzt wirst du zwei Papierringe erhalten. Ist doch klar ...

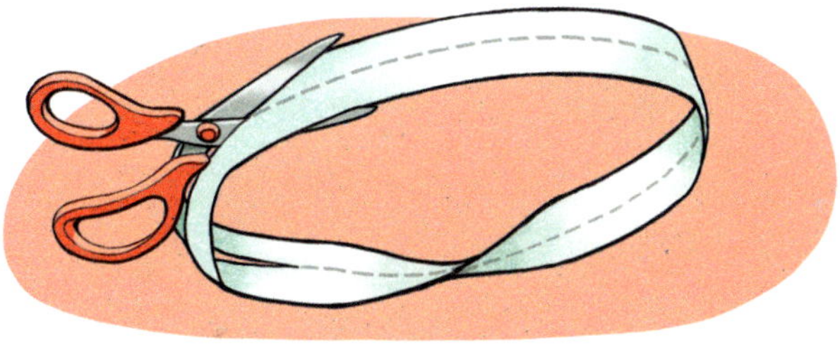

Hier kommen die nächsten Schneideanweisungen: Auch Ring 2 sollst du genau entlang der Mitte zerschneiden. Vermute, was passiert.

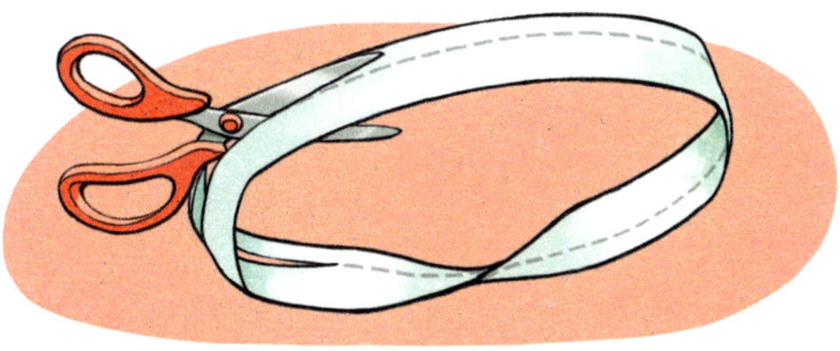

Bei Ring 3 sollst du das erste Drittel entlang, in 2 cm Abstand vom Rand, einschneiden. Vermute wieder, was passiert.

Wundere dich nicht, dieser Schnitt wird viel länger.

1 Jetzt kannst du mit dem Zaubertrick auftreten und andere Menschen verblüffen. Bereite noch einmal drei Papierringe vor.

2 Versucht, gemeinsam zu erklären, wie die „Zauberei“ funktioniert.

› verschiedene Textsorten kennen
› handelnd mit Texten umgehen

UNTER DER LUPE

Dialekte

Die Einwohner einer Gegend unterscheiden sich von den Einwohnern anderer Gegenden in ihrer Art zu sprechen.

Sie sprechen Wörter besonders aus oder haben ganz eigene Wörter. Diese Art zu sprechen, nennt man Dialekt.

> De mit'n Kopp dörch de Wand will,
> mutt sik nich wunnern,
> wenn he sik en Buul holt.

Ein norddeutsches Sprichwort

1 Lies das Sprichwort laut und übersetze es.

2 Erkläre, was das Sprichwort bedeutet.

3 Kennt ihr Wörter aus anderen Dialekten? Legt gemeinsam eine Wörterliste an.

Schulen stellen sich vor

Für viele Kinder in Deutschland geht nach vier Jahren die Grundschulzeit zu Ende und sie wechseln auf eine weiterführende Schule. In den Bundesländern Berlin und Brandenburg wechseln die Kinder nach sechs Jahren die Schule. Viele weiterführende Schulen laden zum Tag der offenen Tür ein. Dann können Kinder und ihre Eltern eine Schule besuchen und sich ein Bild von ihr machen. Das kann eine Hilfe bei der Überlegung sein, ob diese Schule für ein Kind passend ist.

Sprich: hompäitsch

Ihr könnt eine Schule aber auch auf ihrer Homepage besuchen. Wörtlich übersetzt bedeutet Homepage *Zuhauseseite*. Sie bezeichnet eigentlich die erste Seite, also die Startseite, eines Internetauftritts. Von dort kann man Links anklicken, mit denen man weitere Seiten mit Informationen aufrufen kann. Zugleich versteht man mit dem Begriff Homepage den ganzen Internetauftritt, der zu einer Internetadresse gehört.

Ideen:

- Informiert euch über weiterführende Schulen in deren Internetauftritt. Noch Fragen? Dann nutzt die Kontaktinformationen. Auf vielen Homepages könnt ihr in ein Kontaktformular eure Fragen eintippen und es absenden. Auf jeden Fall findet ihr aber die E-Mail-Adresse der Schule, an die ihr Fragen schicken könnt. Bestimmt antwortet man euch.
- Schaut auf die Homepage eurer Grundschule. Was erfährt man, wenn man diese Homepage aufruft? Was fehlt eurer Meinung nach? Schreibt eigene Beiträge für die Homepage, zum Beispiel über Projekte eurer Klasse.

Detektivwissen üben + überprüfen

Einen Text zum Vortragen vorbereiten und präsentieren

Das konntest du auf den Seiten 122–125 üben.
Hier kannst du weiterüben und überprüfen, ob du es kannst.

Eine Traumtorte

„Mamaaa, die ist ja der Wahnsinn! Können wir schon ein kleines Stück essen? Nur ein klitzekleines? Bitte!“

Julia balanciert die riesige Torte ins Wohnzimmer.

Rita tanzt so aufgeregt um sie herum, dass Julia beinahe das Gleichgewicht verliert. Und dann passiert es: Rita stößt rücklings gegen den Tisch, gerade als ihre Mutter die Torte darauf abstellen will. Der Tisch rutscht zur Seite und Julia stellt die Torte ins Leere.

Mit einem dumpfen Plonk landet die Torte auf dem Boden.

Rita blinzelt. Ihre Mutter steht mit leeren Händen da.

Die Augen zugekniffen, von oben bis unten mit Torte bekleckert.

Julia öffnet die Augen, lacht laut und ruft: „Ach du meine Güte. Wie siehst du denn aus?“

„Guck dich mal an!“

Rita stecken noch ein paar Geburtstagskerzen in den Haaren.

Julia leckt genüsslich ihre Finger ab. Rita tut es ihr gleich.

Der ganze Raum ist mit Buttercreme gesprenkelt.

„Aufwachen, du Schlafmütze“, dringt da eine vertraute Stimme an Ritas Ohr. „Zu früh!“, murmelt Rita.

Der Tortentraum rutscht in immer weitere Ferne. Rita öffnet die Augen. Ihre Mutter schließt gerade das Fenster. Julia setzt sich neben sie aufs Bett und fragt liebevoll: „Hast du gut geschlafen?“

Rita nickt. „Das ganze Wohnzimmer war voller Marzipantorte.“

Julia grinst. „Das klingt nach einem Spitzentraum“, sagt sie und streicht Rita übers Haar, wie sie es immer macht.

„Ich muss los. Wenn was ist, funkst du mich an, ja?“

Rita greift nach ihrem Funkgerät auf dem Nachttisch.

„Rita für Mama, bitte kommen. Das Haus steht unter Wasser. Mama Bergmann. Bitte kommen.“

Julia schüttelt belustigt den Kopf.

„Frühstück steht auf dem Tisch.“ [gekürzt]

Valentina Brüning

1 Bereite den Text zum Präsentieren vor und lies ihn dann anderen Kindern vor.

2 Warst du für deinen Vortrag gut vorbereitet? Schätze dich ein und notiere.

3 Lass von deinen Zuhörerinnen und Zuhörern einschätzen, wie du gelesen hast.

Tipp Seite 168

› Texte zum Vorlesen vorbereiten und sinngestaltend vorlesen
› sich und andere kompetenzorientiert einschätzen

Kapitel 7

Jahreszeiten

Lisa Aisato

In der Wärme schläft der Herbst in einem Apfel,
der friedlich am Baum hängt.
Schickt die Sonne fort,
damit sich kühle Luft und Dunkelheit über die Erde senkt.
Das Haar ist ein Sonnenuntergang,
in dem Sturm und Stille zu Hause sind.
Die Kleider duften apfelsüß
und nach nassem Laub im Wind.

Bald wird der Herbst erwachen.
Sieh nur, wie es leuchtet in der Stadt.
Das bunte Licht durchdringt alle Bäume
und färbt Blatt für Blatt.

Haddy Njie

› bei der Beschäftigung mit literarischen Texten Sensibilität und Verständnis für Gedanken und Gefühle zeigen

Der Herbst kommt über uns

Auf leisen Sohlen
schleichen Wind
und Herbst heran
wie Katzen.
Die Felder, die
sind schlecht rasiert,
die Bäume tragen
Glatzen.

Der Nebel verschluckt
die halbe Welt
und wird doch
niemals platzen,
die Sonne schweigt,
ihr Mund ist still,
es tschilpen nur
die Spatzen.

Horst Samson

› Gedichte vortragen, auch auswendig
› über eigene Erfahrungen sprechen

Zurück in Sommerby

Die Fahrt hat sich ganz anders angefühlt als im Sommer, und einen winzigen Moment lang fragt sich Martha erschrocken, ob es nicht doch vielleicht schlauer gewesen wäre, mit Papa nach Gomera zu fliegen. An den ersten Bäumen haben die Blätter sich schon verfärbt, golden oder orange, und wenn die tief stehende Sonne sie von hinten bescheint, leuchten sie wie die Buntglasfenster in alten Kirchen.
Das Licht über den Wiesen ist golden und herbstlich und irgendwie mild, das ist ja sicher wunderschön. Aber wie wird es sein, wenn der Himmel grau ist und voller Wolken hängt oder wenn es regnet und stürmt? Es ist Herbst, das wird Martha jetzt erst so richtig klar, und dass es im Herbst in Sommerby ganz anders sein wird als im Sommer.
Bei Oma Inge gibt es kein WLAN und kein Netz und keinen Fernseher. Aber fernsehen tut Martha sowieso nicht so oft. Vielleicht ist es ja auch mal ganz schön zu sehen, was Oma Inge im Herbst so macht, wenn sie keine Marmelade mehr kocht.
„Na, jetzt bin ich gespannt, wie es aussieht!“, sagt Mama, als sie in Sommerby in die kleine Nebenstraße einbiegen, an deren Ende die Landzunge beginnt, auf der Oma Inges Haus steht. Diesmal wollte Mama die Kinder unbedingt selbst zu Oma Inge bringen.
„Ob wir immer noch über den Zaun klettern müssen, wenn wir zu meiner Mutter wollen?“ Das mussten sie im Sommer nämlich. Oma Inge war viele Jahre lang mit dem ganzen Dorf Sommerby zerstritten, darum gab es keinen Weg von dort zu ihrem Haus.
„Ah, Gott sei Dank!“, sagt Mama und schaltet den Motor aus. „Ich hätte auch überhaupt nicht gewusst, wie wir den Fernseher sonst über den Zaun hätten hieven sollen!“

Am Ende der kleinen Straße, direkt neben dem Haus von Krischan Boysen, sehen sie jetzt die Pforte. Der Zaun ist immer noch ein alter Bretterzaun; aber mitten hinein hat jemand eine neue Pforte gesetzt.
Die Kinder holen ihre Koffer und Taschen aus dem Auto, und Mats klemmt sich Haldór Schröderson unter den Arm, seinen Kuschelhund.
Mama ächzt unter dem Gewicht des Fernsehers. „Na dann!“, sagt sie und seufzt. „Ohne Pforte würde ich das nicht schaffen!“
Jetzt fliegt in Krischan Boysens Haus die große Tür zur Diele auf.
„Hallooo, hallooo!“, ruft er. „Seid ihr wieder da, Jungs und Deerns! Ich hab schon auf euch gewartet!“ Und dabei geht Krischan Boysen geradewegs auf Mama zu und nimmt ihr einfach den Fernseher ab.
„Du hast eine Tür gemacht, Krischan Boysen!“, ruft Mats begeistert. „Im Zaun! Hast du die selbst gebastelt? Kannst du das?“
„Du weißt doch, dass Holz mein Leben ist, mein Jung!“, sagt der alte Mann, und dabei gibt er Martha ein Zeichen, dass sie die Pforte öffnen soll. „Na, da wird Inge aber staunen, wenn sie den sieht!“
Er guckt ein bisschen skeptisch auf den Fernseher und klingt nicht so, als ob er glaubt, dass *staunen* auch *freuen* bedeutet.
Hinter der Pforte liegt die Weide genau wie im Sommer und ist immer noch grün; und wie im Sommer grasen darauf die schwarzbunten Kühe.
Noch immer sieht die Kate zwischen den Bäumen in der Herbstsonne aus wie ein Haus in einem Film und als könnte es sie in Wirklichkeit gar nicht geben: mit ihren niedrigen, weißen Mauern und dem Fachwerk und dem bemoosten Reetdach; und auf einmal weiß Martha ganz sicher, dass es doch richtig war, herzukommen.
Der Herbst ist ihr ganz egal. [verändert, gekürzt]

Kirsten Boie

1 Martha hat kurz darüber nachgedacht, ob es schlauer gewesen wäre, mit Papa nach Gomera zu fliegen. Vermute, warum.

› lebendige Vorstellungen beim Lesen und Hören literarischer Texte entwickeln
› zentrale Aussagen eines Textes erfassen und wiedergeben

Lisa Aisato

Im Herbst ruht der Winter unter dem Laub
und lächelt in sich hinein.
Denn bald werden auch die letzten Spuren
des Sommers verschwunden sein.
Erste weiße Flocken wirbeln durch die Luft,
du kannst sie mit der Zunge fangen.
Sie schmecken nach Eiskristallen aus Karamell,
Pfefferkuchen und Zuckerstangen.

Bald wird der Winter erwachen.
Sieh nur, alles ist schon mit Schnee bedeckt.
Und man hört es wispern:
„Wärmt einander, bis der Frühling die Welt aufweckt."

Haddy Njie

› bei der Beschäftigung mit literarischen Texten Sensibilität und Verständnis für Gedanken und Gefühle zeigen

Ding dong bells

Kanon für 4 Stimmen

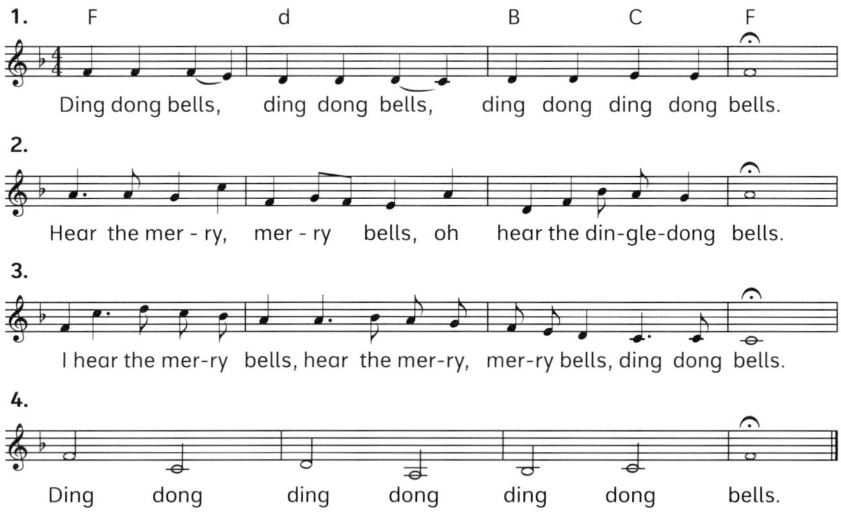

Weihnachtsbaum oder Er nadelt

22. Dezember
Weihnachtsbaum
23. Dezember
Weihnachtsbaum
24. Dezember
Weihnachtsbaum
25. Dezember
Weihnacht baum
26. Dezember
Wei nacht baum
31. Dezember
Wei nacht b um
6. Januar
Wei nacht um
Ostersamstag
ei na ht
Ostersonntag
ei

Matthias Kröner

› Unterschiede von gesprochener und geschriebener Sprache kennen
› mit anderen über Texte sprechen
› verschiedene Textsorten kennen

Joschi

Joschi wünschte sich schon lange ein Meerschweinchen. Aber jedes Mal, wenn er davon anfing, sagte seine Mutter: „Meerschweinchen stinken“ oder „Meerschweinchen gehören in den Kleintierzoo“ und lauter solche Sachen. In diesem Jahr aber sollte sein Wunsch endlich in Erfüllung gehen. „Wetten, dass ich zu Weihnachten ein Meerschweinchen kriege?“, sagte er zu seinem Freund Karli. Und dann schmiedete er einen Plan.
Endlich war es so weit. „Nur noch 24 Tage bis Weihnachten“, sagte seine Mutter. „Höchste Zeit, dass du deinen Wunschzettel aufs Fensterbrett legst, damit der Weihnachtsmann ihn abholen kann.“
Joschi nickte und begann mit der Arbeit. Lieber Weihnachtsmann, schrieb er, ich wünsche mir dringend ein Nilpferd.
Er legte den Zettel draußen vors Fenster und wartete gespannt, was geschah. Als er am nächsten Morgen das Fenster öffnete, entdeckte er einen Zettel: Du spinnst wohl!, stand in leuchtend roten Buchstaben darauf, unterschrieben mit: Der Weihnachtsmann.
Gut so!, dachte Joschi, mein Plan funktioniert. Dann schrieb einen neuen Zettel. Und wie wär's mit einem Krokodil? Auch diesmal klappte es vorzüglich. Die Antwort leuchtete ihm am Morgen entgegen: Krokodile leider nicht lieferbar. Noch besser, dachte Joschi und schrieb den nächsten Wunsch: ein Känguru-Pärchen.
Beuteltiere führen wir nicht, hieß diesmal die Antwort.
Und so ging das weiter. Jeden Tag war er damit beschäftigt, einen neuen Zettel zu schreiben und die Weihnachtsmann-Antworten einzusammeln.
Am nächsten Tag endlich lag ein langer Brief auf dem Fensterbrett.
Lieber Joschi, stand dort, wie du auf dem Kalender siehst, ist übermorgen Weihnachten. Da du es bisher nicht geschafft hast, mir einen einzigen vernünftigen Wunsch aufzuschreiben, ersuche ich dich hiermit, sofort bescheidener zu werden und dich auf eine kleinere Tiergattung zu beschränken.
Herzlichen Gruß. Der Weihnachtsmann.
Joschi wusste sofort, was er zu tun hatte. Er schrieb in seiner schönsten Schrift einen Brief an den Weihnachtsmann.

Lieber Weihnachtsmann,
entschuldige bitte, dass ich so unbescheiden war.
Ich sehe ein, dass ich zu viel von dir verlangt habe,
und schwöre, mich zu bessern.
Darum wünsche ich mir nur noch ein winziges Meerschweinchen.
Am liebsten so eins wie das vom Karli. Vielen Dank im Voraus!
Dein Joschi.

Am nächsten Tag schlich Joschi noch früher als sonst zum Fenster, weil er es vor Spannung nicht mehr erwarten konnte. Diesmal aber war das Fensterbrett leer. „Nun?“, fragten seine Eltern, als er zum Frühstück kam. „Freust du dich schon auf morgen?“ „Und wie!“, antwortete Joschi. Dann endlich war es so weit. Die Tür zum Weihnachtszimmer wurde geöffnet, und Joschi sah etwas, das schöner war als alle Christbaumkugeln und Weihnachtskerzen und Zimtsterne und Silbernüsse zusammen – nämlich ein winziges, schwarz getupftes Meerschweinchen in einer Kiste unter dem Tannenbaum, das neugierig den Tannenduft schnupperte, und fast so aussah wie das Meerschweinchen vom Karli. Er nahm es auf den Arm und flüsterte: „Das war ein guter Trick“, während das Meerschweinchen leise und behaglich quiekte. [verändert, gekürzt]

Roswitha Fröhlich

1 Welchen Trick wendet Joschi an, damit sein Wunsch erfüllt wird? Erzähle.

2 Meinst du, dass Joschi an den Weihnachtsmann glaubt? Begründe deine Meinung.

Weihnachten- ein Fest des Schenkens auf der ganzen Welt

Weihnachtsbräuche gibt es auf der ganzen Welt. Einer der schönsten ist wohl die Bescherung. In **Deutschland** werden die Weihnachtsgeschenke am Heiligabend, dem 24. Dezember, vom Christkind oder Weihnachtsmann gebracht.

In **Griechenland** ziehen am 24. Dezember die Kinder mit Instrumenten durch die Städte und singen, wofür sie von den Bewohnern kleine Belohnungen, meist Süßigkeiten, erhalten. Am Abend werden Weihnachtsfeuer entzündet, die zwölf Nächte lang brennen müssen. Sie sollen – so erzählt man sich – böse Kobolde vertreiben. Ihre Weihnachtsgeschenke erhalten die Kinder erst am 1. Januar.

In **Island** werden die Geschenke von 13 Trollen (Jólasveinar) verteilt. Diese Trolle kommen einzeln schon ab dem 12. Dezember aus den fernen Bergen in die Städte und stecken den Kindern Geschenke in ihre Schuhe, die in die Fenster gestellt werden. Die Bescherung erstreckt sich in Island also über 13 Tage.
Ab dem 26. Dezember kehren die Trolle wieder in ihre Höhle zurück.

Auch in **Spanien** gibt es erst am 6. Januar die Geschenke. Und sie werden nicht vom Christkind oder Weihnachtsmann, sondern von den Heiligen Drei Königen gebracht. Dafür schmücken die die Menschen in Spanien ihre Häuser mit Krippen. Ein geschmückter Weihnachtsbaum ist in Spanien eher die Ausnahme.

› handelnd mit Texten umgehen
› Informationen im Internet suchen
› Angebote im Netz kennen, nutzen und begründet auswählen

Silvester

Einen Tag noch hat das Jahr
vierundzwanzig lange Stunden.
Was gewesen ist, das war.
Hab' verloren, hab' gefunden.
Hab' geweint und hab' gelacht,
bin auch manchmal hingefallen,
aber heute, heute Nacht
werden viele Böller knallen.
Böse Geister laufen fort.
Gute Geister bleiben da.
Und man wünscht an jedem Ort
sich ein frohes Neues Jahr!

Jutta Richter

Glücksschweinchen
aus Quark-Öl-Teig (Rezept)

Die einen verschenken zum neuen Jahr eine Neujahrsbrezel, die anderen einfach ein kleines Glücksschweinchen.
Das kleine Gebäck ist ganz einfach zu backen und erfreut garantiert Groß und Klein.

275 g Mehl
6 EL Milch
6 EL Öl
75 g Zucker
150 g Quark
1 Eigelb zum Bestreichen
1 EL Milch zum Bestreichen
36 Rosinen

Lisa Aisato

In der Kälte schläft der Frühling,
kuschelt sich in die gefrorene Erde hinein.
Haucht den tiefen Wurzeln, Samen
und allem, was wächst, neues Leben ein.
Warm und gemütlich ist das Bett,
trotz der glitzernden Decke aus Schnee.
Denn es ist gepolstert mit Lerchenfedern,
Wiesenblumen und Klee.

Bald wird der Frühling erwachen.
Sieh nur, er streckt sich schon und springt
von Dach zu Dach im frohen Spagat,
während das Läuten der Schneeglöckchen erklingt!

Haddy Njie

› lebendige Vorstellungen beim Lesen litarischer Texte entwickeln
› Gedichte vortragen, auch auswendig

Auf der Wiese

Ein Gewimmel,
ein Getümmel!
Tausend feine
flinke Beine.
Larven schlüpfen aus dem Ei:
Eins zwei drei – Krabbelei

Hier ein Summen,
da ein Brummen.
Mücken sirren,
Fliegen schwirren.
Die Libelle saust vorbei:
Eins zwei drei – Krabbelei

Käfer flitzen.
Grashalmspitzen
schwanken, kippen.
Oben wippen
Ameisen ganz schwindelfrei:
Eins zwei drei – Krabbelei

Spinnen weben.
Netze schweben
zwischen Gräsern.
Tropfen, gläsern,
glitzern wie durch Zauberei.
Eins zwei drei – Krabbelei

Ein Gewisper,
ein Geflüster
spät im matten
Abendschatten.
Kommt die Nacht, ist –
eins, zwei drei –
Schluss mit all der Krabbelei.

Iris Schürmann-Mock

› Gedichte vortragen, auch auswendig
› eigene Gedanken zu Texten entwickeln

OSTEREIER MIT SEIDENPAPIER FÄRBEN

Du brauchst

- ausgeblasene oder hartgekochte weiße Eier
- nichtwasserfestes, färbendes Seidenpapier in verschiedenen Farben
- einen dünnen Pinsel
- etwas Wasser

Schritt 1

Reiße das Seidenpapier in kleine Schnipsel.

Schritt 2

Befeuchte den Pinsel mit etwas Wasser und tupfe damit vorsichtig ein Stück Seidenpapier auf das Ei.
Das Papier muss vollständig feucht sein und am Ei kleben.
Bedecke auf diese Weise das ganze Ei.

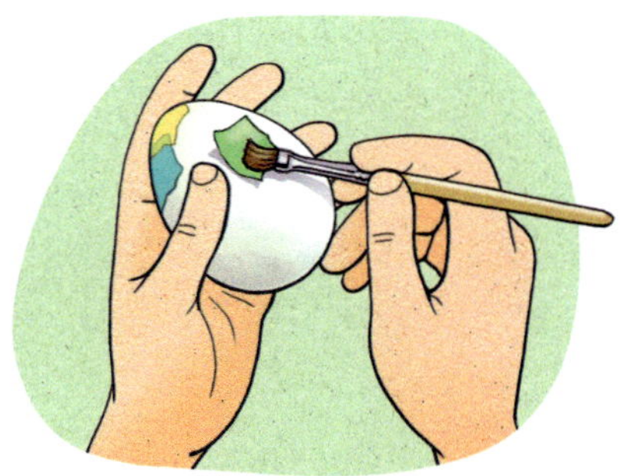

Schritt 3

Lass das Ei trocknen.

Schritt 4

Nimm vorsichtig die trockenen Schnipsel vom Ei ab.
Nun kannst du das bunte Ei aufhängen oder in einen Eierbecher stellen.

› gezielt einzelne Informationen suchen
› verschiedene Sorten von Sach- und Gebrauchstexten kennen
› handelnd mit Texten umgehen

Der Welttag des Buches

Der 23. April ist der Welttag des Buches
Er soll Lust aufs Lesen machen. In Deutschland lernt jedes Kind in der Schule lesen und viele von euch haben sicherlich jede Menge spannende Bücher. Doch so richtige Leseratten gibt es in Deutschland immer weniger. Damit sich das ändert, gibt es den Welttag des Buches. An diesem Tag lassen sich Buchhandlungen, Verlage, Schulen und Bibliotheken einiges einfallen. Ausstellungen, Lesefeste und viele spannende Bücher sollen Kindern und Jugendlichen zeigen: Lesen macht Spaß!

Warum der Tag am 23. April ist
Am 23. April ist der Todestag von zwei sehr berühmten Schriftstellern. Der Engländer William Shakespeare hat zum Beispiel „Romeo und Julia" geschrieben, der Spanier Miguel de Cervantes das Buch „Don Quijote". Weil beide an einem 23. April gestorben sind, wurde dieser Tag zum Welttag des Buches erklärt.

Die Idee kommt aus Spanien
In Katalonien, einem Teil von Spanien, ehren die Menschen Bücher mit einem großen Fest. Seit etwa 100 Jahren gibt es dort am 23. April den „Sankt Jordi Tag". An diesem Tag bauen die Menschen Buchstände auf den Straßen auf. Außerdem schenken sie sich Bücher und Rosen. Der Welttag des Buches geht auf diesen Brauch aus Katalonien zurück.

1 Warum ist der Welttag des Buches am 23. April? Erkläre.

2 Recherchiere, welche Angebote es zum Welttag des Buches in deiner Nähe gibt. Schreibe Stichpunkte auf.

Lisa Aisato

Im Frühling schläft der Sommer in einer Knospe,
die sich sanft im Wind bewegt.
Das Kissen ist ein Spinnennetz,
aus Sommerschätzen gewebt.
Funkelnde und glänzende Honigtropfen,
Perlen vom Tau und Regen.
Fruchtbonbons aus Harz und süße Beeren,
an denen Sandkörner kleben.

Bald wird der Sommer erwachen.
Sieh nur, wie hoch schon die Schaukel schwingt.
Im Himmel, wo zwischen Blumen und Schmetterlingen
fröhliches Lachen erklingt!

Haddy Njie

› bei der Beschäftigung mit literarischen Texten Sensibilität und Verständnis für Gedanken und Gefühle zeigen

Sommerzeit ist Gewitterzeit

In der Sommerzeit erwärmt die Sonne den Boden stark, sodass die Feuchtigkeit in der Erde verdunstet. Sie steigt als feiner warmer Luftnebel nach oben. Diese warme, feuchte Luft trifft auf ihrem Weg nach oben auf kühlere Luft. Und dann ist was los! Die beiden Luftmassen reiben nämlich so stark aneinander, dass dadurch Elektrizität entsteht. Und die entlädt sich in einem *Blitz*. Die heiße Luft dehnt sich unglaublich schnell aus wie in einer Explosion. Das kann man dann als lauten *Donner* hören.

Mittlere Anzahl der Tage mit Gewittern pro Monat

Frankfurt-Flughafen (Zeitraum: 1981–2010)

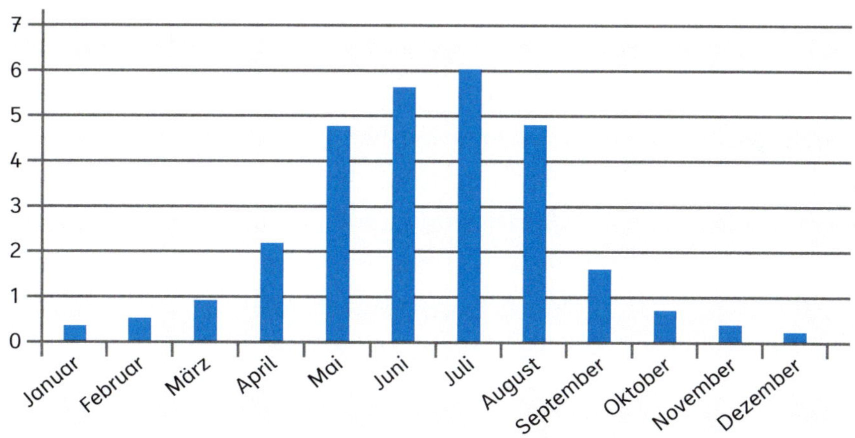

1 Was kannst du am Diagramm ablesen? Formuliere eine wichtige Aussage.

2 Erkläre, warum es in der Sommerzeit besonders viele Gewitter gibt.

› verschiedene Textsorten kennen und unterscheiden
› Unterschiede und Gemeinsamkeiten von Texten finden
› verschiedene Sorten Sach- und Gebrauchstexte kennen: Diagramme

Irgendwo ist immer Süden

Heute ist der letzte Tag. Nur noch ein paar Stunden, dann ist Schluss.
Aber es ist kein Schluss, bei dem man weinen muss.
Es kommen keine Axtmörder oder Meteoriten oder Epidemien.
Das hier ist ein guter Schluss. Die meisten haben sich darauf gefreut. Haben die Wochen im Kalender durchgestrichen, ihre Koffer gepackt und Sandalen gekauft. Sich eine schicke Sommerfrisur schneiden lassen. Ich habe auch gesagt, dass ich mich freue. Das wird so cool, habe ich gesagt und ausgerechnet, wie lange es noch dauert.
Heute ist der letzte Tag. Noch drei Stunden mit unserer Lehrerin Vigdis, und dann heißt es Sommerferien. Die Sommerferien dauern vierundfünfzig Tage. Ich habe es am Kalender abgezählt, der am Kühlschrank hängt. Vierundfünfzig Tage entsprechen eintausendzweihundertsechsundneunzig Stunden.
Jetzt steht Vigdis vor uns. Mathilde wedelt mit dem Arm in der Luft herum und fängt direkt an zu reden: „Können wir nicht eine Runde machen, in der jeder erzählt, wohin er in den Ferien fährt?"
Der Vorschlag stößt sofort auf große Begeisterung. Mallorca, USA, Frankreich, rufen alle durcheinander. „Turva fängt an!"
Mathilde zeigt zum Fensterplatz in der ersten Reihe.
Mein Bein zittert, der Mund ist trocken. Und Turva erzählt, dass sie für drei Wochen nach Italien fährt, in den südlichen Teil. Mathilde deutet auf Teodor, damit alle verstehen, dass wir von vorne nach hinten vorgehen, Tisch für Tisch. Ich zähle bis elf. Lege die Hand aufs Bein, um es ruhig zu halten. *Elf Tische, bis ich an der Reihe bin.*
Teodor fährt nach Kroatien, Selma für mehrere Wochen nach Spanien. Simen, der hinter Selma sitzt, fliegt nach Florida.
Das erzählt er mit lauter und deutlicher Stimme, mehrere seufzen neidisch. Una, die nach Simen an der Reihe ist, würde auch viel lieber nach Florida reisen, doch bei ihr ist es nur Dänemark. „Aber nächstes Jahr", fügt sie hinzu, „fahren wir dafür vier Wochen nach Thailand."
Noch sieben Tische und dann bin ich dran.
Alle haben Pläne für die Sommerferien, alle werden sie davon erzählen.
Alle verreisen. Ins Ausland.

Die Leute in dieser Klasse sind total heiß aufs Ausland.

Es gab sogar einen Wettstreit, wer schon in den meisten Ländern war. Regine führt mit siebenundzwanzig.

Gleich bin ich dran. Gleich muss ich etwas erzählen.

Es pocht in meinem Bauch, fast ganz oben beim Herzen. Julie, die genau vor mir sitzt, beginnt zögernd, ihre Stimme ist rau. Vielleicht hat sie ja nichts zu erzählen, wird nicht vierundfünfzig Tage lang die aufregendsten Dinge erleben, sondern einfach nur zu Hause sein. Aber so ist es natürlich nicht. Kein Mensch ist im Sommer einfach nur zu Hause. Julie fährt nämlich nach Zypern.

Sie dreht sich um und schaut mich an.

Alle schauen mich an. Es wird still. Vollkommen still.

Ich weiß, dass ich den Mund aufmachen muss, weil alle hören wollen, was ich im Sommer unternehmen werde. Ich sehe von einem zum anderen, in die neugierigen Gesichter, aber mein Mund ist leer. Es ist kein einziges Wort darin. Ich räuspere mich, öffne den Mund und schließe ihn wieder, schlucke, und dann geben meine Stimmbänder einen schwachen Laut von sich. „Im Sommer“, sage ich und warte, dass mir etwas einfällt. „Im Sommer fahre ich in den Süden.“ Vigdis nickt ermutigend und lächelt. „Ich freue mich schon so“, sage ich. „Ich werde schwimmen und in der Sonne liegen und mich entspannen. Einfach nur Südendinge machen.

Viele Wochen lang. Morgen früh fahren wir los.“ Regine kichert. „Ina, es gibt keinen Ort, der Süden heißt“, sagt sie sachlich. Mein Bein fängt wieder an zu zittern. Und der linke Arm auch ein bisschen. Können wir nicht einfach weitermachen, kann nicht irgendwer anders übernehmen? [gekürzt]

Marianne Kaurin

1 Warum sagt Ina, dass sie im Sommer in den Süden fährt? Beschreibe ihre Gedanken und Gefühle.

2 Was würde das Problem von Ina lösen? Sammelt Ideen.

Einen Text allein erarbeiten

Wie erarbeite ich mir allein einen Text?

Schritt 1: Ich lese die Überschrift und schaue mir die Bilder an. Ich überlege:
- Worum kann es in dem Text gehen?
- Was weiß ich zu dem Thema schon?

Schritt 2: Ich lese den Text.
- Ich überlege: Wie passen die Überschrift und die Bilder zum Text?

Schritt 3: Ich lese jeden Abschnitt des Textes genau. Ich überlege:
- Welche Informationen sind wichtig?
- Welche Informationen benötige ich, um die Aufgaben bearbeiten oder die Fragen beantworten zu können?

Schritt 4: Wenn ich eine Textstelle nicht verstehe, hole ich mir Hilfe.

Schritt 5: Ich notiere wichtige Wörter und Textstellen.

Schritt 6: Ich bearbeite die Aufgaben oder beantworte die Fragen zum Text.

Mein bester Freund

Justin und ich sind schon lange beste Freunde. Heute ist wieder Wochenende und ich kann mich an kein Wochenende erinnern, dass ich nicht mit ihm verbracht habe. Wir sind mal wieder im Dorf unterwegs. „Hey, Jeremy! Wetten, dass du dich nicht traust, den Hund da am Schwanz zu ziehen?" Justins Grinsen lässt keinen Zweifel zu: Er denkt, ich würde es nicht tun. Um ehrlich zu sein, will ich es auch gar nicht. Nicht, weil ich Angst habe. Obwohl der Hund schon recht groß ist. Sein sandfarbenes Fell ist zerzaust, und er sieht nicht gerade freundlich aus. „Na mach schon, Jeremy, oder glaubst du, ich will den ganzen Tag hier herumstehen?“

Irgendetwas hat sich in letzter Zeit verändert. Ich weiß nicht, ob Justin gemeiner geworden ist oder ob es mir einfach keinen Spaß mehr macht, Köter zu ärgern. Obwohl ich keine Lust habe, schiebe ich mich schnell durch den Lattenzaun. Der Zottelhund schläft auf der halb verfallenen Treppe vor der Haustür. Ich versuche, mich an den Hund anzuschleichen. Keine Chance. Sobald ich in seine Nähe komme, macht er die Augen auf. Er steht auf und starrt mich an. Der Blick aus seinen dunklen Augen geht durch mich hindurch, als ob er versucht herauszufinden, wer der Schwächere ist. Plötzlich wirft sich der Hund auf den Rücken und will am Bauch gekrault werden. Ist doch viel einfacher, als ich dachte. Jetzt nur schnell am Schwanz ziehen, und dann nix wie weg. „Tut mir echt leid“, flüstere ich dem Hund zu und zieh ihn am Schwanz. Der Hund jault auf und er versucht, sich in seinen Schwanz zu beißen. Sein Schwanz hängt leblos zwischen den Hinterbeinen. Ich beiße mir auf die Lippen. So stark habe ich doch gar nicht gezogen, oder?

Ich höre Justins Lachen von der anderen Seite des Zauns. „Mann, ich dachte schon, du wärst zu feige.“ Justin gibt mir einen freundschaftlichen Klaps auf den Rücken. Aber heute macht mich das nicht stolz. Im Gegenteil. So etwas will ich nicht machen und einen Freund, der Spaß hat, Hunde zu ärgern, brauche ich auch nicht. Seit diesem Tag gehe ich Justin aus dem Weg und habe keine Lust mehr, mit ihm zu reden oder zu spielen. Ich versuche, nicht an Justin zu denken. Aber je mehr Mühe ich mir gebe, desto weniger klappt es. [gekürzt]

Miriam Körner

1 Was machen Justin und Jeremy im Dorf? Erzähle.

2 Wie fühlt sich Jeremy, nachdem er den Hund am Schwanz gezogen hat? Vermute.

3 Warum möchte Jeremy nicht mehr mit Justin befreundet sein? Erkläre.

› gezielt einzelne Informationen suchen
› Verstehenshilfen anwenden: nachfragen
› zentrale Aussagen eines Textes erfassen und wiedergeben

Einen Text mit dem roten Faden wiedergeben

Wie kann ich den Inhalt eines Textes in der richtigen Reihenfolge und vollständig nacherzählen?

Schritt 1: Ich lese den Text. Dann überlege ich:
- Wie beginnt der Text?
- Welche Figuren kommen vor?
- Wovon erzählt oder berichtet der Text?
- Was sind die zentralen Aussagen?
- Wie endet der Text?

Schritt 2: Ich notiere mir wichtige Stichworte oder selbst verfasste Zwischenüberschriften zu einzelnen Textteilen.

Schritt 3: Ich hefte die Karten in der Reihenfolge des Textes an einen roten Faden.

Schritt 4: Ich erzähle den Text mithilfe der Stichworte am roten Faden nach.

Deine Wörter auf den Kärtchen sind gut gewählt, wenn sie es schaffen, dich an den Inhalt zu erinnern.

Der Pfirsichbaum

Ein Pfirsichbaum lebte neben einem Nussbaum und sah neidisch auf dessen Zweige, die voller Nüssen waren. Warum darf er so viele Früchte tragen, dachte er, und ich nur so wenige? Das ist ungerecht. Ich will versuchen, es ihm gleichzutun. „Übernimm dich nur nicht“, warnte ein junger Pflaumenbaum, der die Gedanken des Pfirsichbaums ahnte. „Siehst du nicht, was für mächtige Zweige der Nussbaum hat und was für einen Stamm? Jeder muss seiner Kraft entsprechend geben. Denke daran, gute Pfirsiche zu geben. Nicht die Quantität, die Qualität zählt!“

Aber der Pfirsichbaum platzte vor Neid und wollte nicht hören. Er befahl seinen Wurzeln, mehr Nahrung aus der Erde zu ziehen. Seine Zweige mussten mehr Blüten treiben und seine Blüten zu mehr Früchten werden. So war er schließlich von Kopf bis Fuß mit Pfirsichen beladen. Aber die reifenden Pfirsiche wurden immer schwerer. Die Zweige konnten sie nicht mehr tragen und der Stamm konnte alle diese von Pfirsichen überfüllten Zweige nicht mehr halten. Ächzend bog sich der Pfirsichbaum, und dann, mit großem Krachen, spaltete er sich und alle Pfirsiche rollten dem Nussbaum vor die Füße.

nach Leonardo da Vinci

Einen schwierigen Text in Gruppen erarbeiten

Wie können wir schwierige Texte besser verstehen?

Schwierige Texte können wir besser verstehen, wenn wir sie in einem Team lesen und über die einzelnen Abschnitte gemeinsam sprechen. Jedes Teammitglied hat bei der Methode „Gruppenlesen“ eine besondere Aufgabe.

Das sind die Aufgaben:

A **Vorlesen**	B **Zusammenfassen**	C **Fragen stellen**	D **Vermuten**
Ich lese den Abschnitt laut vor. Ich stelle eine Frage zum Text.	Ich fasse den Inhalt des Abschnitts kurz zusammen.	Ich stelle Fragen zu Textstellen, die schwierig sind oder die ich nicht verstanden habe.	Ich vermute, wie der Text weitergehen könnte.

Schritt 1: Wir bilden eine Gruppe aus vier Kindern.

Schritt 2: Wir teilen den Text in Abschnitte ein.

Schritt 3: Jedes Kind zieht eine Aufgabe.

Schritt 4: Kind A liest den 1. Abschnitt laut vor. Die Gruppenmitglieder lesen leise mit.

Schritt 5: Es folgen Kind B, Kind C und Kind D.

Schritt 6: Bei jedem neuen Textabschnitt geben wir die Karten im Uhrzeigersinn weiter. Das Gruppenlesen beginnt von vorn.

Jagdduo

(1) In den Prärien des amerikanischen Westens gibt es zwei ganz besondere Raubtiere. Wenn sich ein Kojote und ein Dachs zusammentun, sind sie äußerst erfolgreiche Jäger, die ihre Beute erbarmungslos verfolgen.

(2) Die Kojoten gehen in der Abenddämmerung in kleinen Rudeln auf Jagd. Sie fressen am liebsten kleine Nagetiere, die sich aber in ihren Löchern unter der Erde verstecken. Durch ihren hervorragenden Geruchssinn können sie ihre Beute aufspüren, aber nicht ausgraben.

(3) Hierbei hilft der Silberdachs. Er ist ein Räuber, der auch gern Nagetiere frisst und hervorragend graben kann. Mit seinen kräftigen Krallen reißt er die Erde auf und holt die Beute aus ihren Löchern.

(4) Deshalb sind Kojoten und Dachse auf die Idee gekommen, es als Team zu versuchen. Und weil die beiden so gut zusammenarbeiten, frisst der Kojote den Dachs nicht auf.

Pavla Hanáčková

So geht es:

A: Vorlesen
Ich lese euch den Text laut vor.

Frage: Wo leben zwei ganz besondere Raubtiere?

B: Zusammenfassen
Kojoten und Dachse sind zwei Tiere, die ihre Beute gemeinsam jagen.

(1) In den Prärien des amerikanischen Westens gibt es zwei ganz besondere Raubtiere. Wenn sich ein Kojote und ein Dachs zusammentun, sind sie äußerst erfolgreiche Jäger, die ihre Beute erbarmungslos verfolgen.

C: Fragen stellen

Was ist ein Kojote?

D: Vermuten
Ich denke, dass jeder von ihnen eine besondere Aufgabe hat.

› gezielt einzelne Informationen suchen
› Texte genau lesen
› zentrale Aussagen eines Textes erfassen und wiedergeben

Das Aussehen und den Charakter einer Figur beschreiben

In jeder Geschichte gibt es Figuren*, die eine besondere Rolle spielen. Im Text werden nicht nur deren äußere Merkmale wie Aussehen und Größe beschrieben.
Man findet auch Hinweise auf innere Merkmale wie Charaktereigenschaften oder Gefühle und Gedanken der Figur.
Manchmal kann man auch aus dem Verhalten der Figur auf ihre Charaktereigenschaften schließen.

Schritt 1: Ich beschreibe die Figur.
Zum Beispiel: Name, Alter, Geschlecht, Familie, Wohnort

Schritt 2: Ich finde Textstellen, die das Äußere der Figur beschreiben.
Zum Beispiel: Aussehen, Größe, Kleidung

Schritt 3: Ich finde Textstellen, die das Innere der Figur beschreiben.
Zum Beispiel: Wünsche, Ängste, Vorlieben

Schritt 4: Ich finde Textstellen, in denen das Verhalten der Figur beschrieben wird, aus denen ich auf Charaktereigenschaften schließen kann.
Zum Beispiel: Verhalten zu anderen, Gewohnheiten, Sprechweisen

Schritt 5: Ich trage die Ergebnisse mit Stichpunkten in eine Tabelle ein.

Schritt 6: Ich beschreibe mithilfe der Notizen das Aussehen und den Charakter der Figur.

Schritt 7: Ich sage meine Meinung zur Figur.

*Figuren → alle Personen, Tiere oder fantastische Wesen, die in Geschichten menschliche Eigenschaften haben

Kaspar, Opa und der Monsterhecht

Kaspar war fast sieben und wohnte bei seinem Großvater in einem kleinen Dorf in Dalarna, einer Landschaft mitten in Schweden. Großvater hatte seine hellgraue Kappe auf, die vorn am Schirm ganz braun war vom Schnupftabak an seinen Fingern. Unterm Rand der Kappe quollen seine Haare hervor wie graues Moos. Er hatte eine Brille auf der Nase und einen Lederschurz voller Messerkerben über den Knien. Großvater sah sanft und freundlich aus, und das war er auch meistens. Er war die Ehrlichkeit in Person, Kaspar hatte ihn noch nie lügen gehört. Auf der Arbeitsbank standen frisch geschnitzte Pferdchen. Großvater lebte davon, Holzpferdchen zu schnitzen.

Freitags ging Großvater immer zum Lövtjarn, einem kleinen Waldsee, um Birger zu besuchen. Kaspar packte seine Angel und ließ den Wurm ins Wasser sinken. „Im Angeln bist du fast schon ein Großer, aber du hast natürlich auch einen guten und geduldigen Lehrer gehabt“, sagte der Großvater.

[gekürzt und verändert]

Mikael Engström

Der Großvater von Kaspar wohnt in einem kleinen Dorf in Dalarna, einer Landschaft mitten in Schweden.

Aussehen	Eigenschaften	Verhalten
• hellgraue Kappe, vorn am Schirm braun • graue Haare • Brille • Lederschurz voller Messerkerben	• meistens sanft und freundlich • ehrlich • guter Lehrer • geduldig	• schnitzt Holzpferdchen • Angler

› zentrale Aussagen des Textes erfassen und wiedergeben
› bei der Beschäftigung mit literarischen Texten Sensibilität und Verständnis für Gedanken und Gefühle zeigen

Eine Textstelle zu einem Rollenspiel ausarbeiten

Schritt 1: Ich lese die Textstelle aufmerksam und schalte mein Kopfkino an:
Was kann ich sehen und hören, wenn ich mir den Inhalt wie in einem Film vorstelle?

Schritt 2: Ich überlege:
Wie kann ich das, was im Text nur beschrieben wird, durch Handlung und wörtliche Rede deutlich machen?

Schritt 3: Ich schreibe wie in einem Drehbuch auf, was jede Person sagt und tut.

Schritt 4: Wir verteilen die Rollen und üben, die Szene gut zu lesen.

Schritt 5: Wir lesen und spielen die Szene mit verteilten Rollen. Wir achten auf Mimik und Gestik.

Text: Vom Kind, das immer lachen musste

Einmal war ein Kind so lustig, dass es immer lachen musste. Das Kind ist mit dem Großvater spazieren gegangen und es hat einen großen Regen gegeben. Sie hatten keine Mäntel und keinen Schirm, darum haben sie sich mit den anderen Leuten in einen Hauseingang gestellt. Die Leute haben über den Regen geschimpft, aber das Kind hat nur gelacht.
Dann ist ein Lastwagen durch eine große Pfütze gefahren und das hat toll gespritzt. Das Kind war von oben bis unten nass. Die Leute wollten schon wieder schimpfen, aber das Kind musste nur noch mehr lachen und auch der Großvater musste lachen.
Da konnten die Leute nicht mehr schimpfen.
Sie mussten alle mitlachen.

[gekürzt]

Ursula Wölfel

Drehbuch: Vom Kind, das immer lachen musste

Der Großvater geht mit dem Kind spazieren.

Großvater: Oh, da haben wir uns ja schlechtes Wetter für unseren Spaziergang ausgesucht. Und wir haben keinen Schirm dabei. Mäntel haben wir auch nicht angezogen.

Kind: Das ist doch witzig, Opa.

Großvater: Komm, wir stellen uns zu den anderen Leuten in den Hauseingang. Da stehen wir geschützt vor dem Regen.

Das Kind lacht und geht mit seinem Großvater zu den anderen Leuten in den Hauseingang.

Mann: So ein Sauwetter!

Junge Frau: Wie ich aussehe. Meine Haare sind nass und strähnig.

Alte Frau: Bei so einem Wetter muss man ja schlechte Laune kriegen.

Das Kind lacht.

› Situationen in verschiedenen Spielformen szenisch entfalten
› sich in eine Rolle hineinversetzen und sie gestalten
› handelnd mit Texten umgehen: inszenieren

Einen Text zum Vortragen vorbereiten und präsentieren

Schritt 1: Ich lese die Textstelle aufmerksam und schalte mein Kopfkino an: Was kann ich sehen und hören, wenn ich mir den Inhalt wie in einem Film vorstelle?

Schritt 2: Ich überlege: Wie kann ich mit meiner Stimme die Stimmung des Textes wiedergeben? Muss mein Lesevortrag laut oder leise, schnell oder langsam, fröhlich oder traurig sein?

Schritt 3: Ich überlege: Wie muss ich die wörtliche Rede betonen, um auszudrücken, wie die sprechende Person sich fühlt? Verben in Redebegleitsätzen können ein Hinweis sein.

Schritt 4: Wenn möglich markiere ich wichtige Stellen, die ich besonders gut betonen will.

Schritt 5: Ich übe, den Text mehrmals laut zu lesen – so lange bis ich ihn flüssig und gut betont vortragen kann.

Schritt 6: Jetzt kann ich den Text vor Zuhörern und Zuhörerinnen vortragen.

Wie man Träume fängt

Der Gute Riese hielt an. „Wir sind da – endlich!“, verkündete er.
Er bückte sich und holte Sophiechen aus seiner Westentasche und stellte sie auf den Boden.
„Wo sind wir denn hier?“, fragte sie.
„Im Traumland sind wir“, sagte der GuRie. „Wir sind da, wo die Träume herkommen.“ Er stellte seinen Koffer und ein Netz an einer langen Stange ab.
„Jetzt müssen wir so leise sein wie die Mucksmäuschen“, flüsterte er.
Sophiechen nickte mit dem Kopf.

Der GuRie klappte seinen Koffer auf und holte mehrere leere Gläser heraus. Die stellte er mit abgeschraubtem Deckel auf den Boden.
Plötzlich machte der GuRie einen Luftsprung. Er schnellte in die Höhe und ließ das Netz an der langen Stange mit einer weit ausholenden Armbewegung durch die Dampfwolken sausen.

„Ich hab ihn!“, rief er. „Ein Glas! Ein Glas! Schnell, schnell, schnell!“
Sophiechen nahm eines der Gläser und hielt es ihm hoch.
„Ein Schlummy ist das! Jawohl, ein goldener Schlummy!“, flüsterte er begeistert.
Sophiechen sah ihn verdattert an.
„Jawoll, jawoll, das ist ja toll!“, sagte er und hielt das Glas in Augenhöhe. „Der hier lässt ein kleines Kind herrlich träumen, wenn ich den in seinen Schlummer hineingepustet habe!“ [verändert, gekürzt]

Roald Dahl

Anleitung: In einer Anleitung wird beschrieben, wie man etwas benutzt oder herstellt. **Seite 134, 149**

Autorin/Autor: Autorinnen und Autoren sind Personen, die sich einen Text ausdenken und schreiben. Hier im Lesebuch sind die Autorinnen und Autoren am Ende des Textes genannt.

App: App ist die Abkürzung für das englische Wort „application". Eine App ist ein Zusatzprogramm für Mobilgeräte wie Computer, Smartphone oder Tablet. Apps bieten verschiedene Funktionen oder spezielle Informationen zu bestimmten Themen an. **Seite 27, 49**

Brief: Ein Brief ist eine geschriebene Nachricht von einem Sender an einen Empfänger. **Seite 146**

Comic: Ein Comic besteht aus Bildern. Der Text in einem Comic steht meistens in Sprech- oder Denkblasen. **Seite 47**

Dialekt: Die Einwohner einer Gegend unterscheiden sich von den Einwohnern anderer Gegenden in ihrer Art zu sprechen. Sie sprechen Wörter besonders aus oder haben ganz eigene Wörter. Diese Art zu sprechen, nennt man Dialekt. **Seite 136**

digital: Mit einem Mausklick die ganze Welt am Bildschirm haben, mit Freunden sprechen, für die Schule recherchieren, Musik hören, Filme schauen. Das alles kann man online über das Internet machen. **Seite 49, 71, 93, 137**

Download: Download ist ein englischer Begriff und bedeutet „herunterladen". Im Internet kann man Programme oder Apps auf Computer, Smartphone oder Tablet laden. **Seite 49, 149**

Drehbuch: Ein Drehbuch ist die Textvorlage für einen Film. In ihm werden die Handlung, die Drehorte und die Dialoge des Films aufgeschrieben. **Seite 114, 116, 166**

E-Mail: Eine E-Mail ist ein elektronischer Brief. Man schreibt eine E-Mail mit einem Computer, Tablet oder Smartphone. Dort kann man sie auch lesen. Der Zugang zum Internet ist dabei nötig. **Seite 137**

Fußnote: Fußnoten enthalten Erklärungen und weitere Informationen zu einem Wort in einem Text. Sie sind unter den Texten unten auf der Buchseite aufgeführt. **Seite 65, 96**

Gedicht: Ein Gedicht ist manchmal in Strophen und Verse unterteilt. In manchen Gedichten reimen sich die Wörter am Ende von Versen. **Seite 14, 27, 46**

Gestik: Gestik ist eine Art von Körpersprache. Durch Körpersprache lassen sich Gefühle ausdrücken. **Seite 100, 102, 166**

Grafik: Eine Grafik zeigt Informationen übersichtlich in einem Bild. **Seite 31, 61, 155**

Homepage: Eine Homepage ist eine Seite im Internet. Homepages kann man über eine Suchmaschine finden oder die Adresse direkt eingeben. **Seite 137, 149**

Hypertext: Ein Hypertext ist ein Text, der mit anderen Texten verbunden ist, zum Beispiel durch einem Link. Wenn man beim Besuch auf einer Internetseite auf einen Link klickt, dann kommt man auf eine andere Seite. **Seite 137, 149**

Internet: Das Internet ist eine Verbindung von Computern, Smartphones und Tablets auf der ganzen Welt.

Mit dieser Verbindung können Daten ausgetauscht werden. Die Daten können Texte, Bilder, Musik oder Videos sein. Man nennt das Internet auch manchmal nur „Netz“. **Seite 49, 71, 93**

Interview: Ein Interview ist ein Gespräch mit Fragen und Antworten. Du kannst Interviews lesen, im Radio hören oder im Fernsehen oder online ansehen. **Seite 36**

Link: Ein Link ist ein Verweis zu einem anderen Text, zu einer anderen Seite oder zu einem Bild. **Seite 104, 137, 149**

Medien: Das Wort Medium bedeutet übersetzt „Mitte“. Medien stehen immer in der Mitte zwischen einem Sender und einem Empfänger. Medien sind zum Beispiel Radio, Internet, Zeitung, Buch, Computer, Fernseher und Smartphone. **Seite 104, 108, 153**

Mimik: Mimik ist ein bestimmter Gesichtsausdruck, mit dem sich Gefühle wie Freude, Wut oder Trauer zeigen lassen. An der Mimik erkennen wir oft schneller, was jemand will, als an seinen Worten. **Seite 100, 102, 106**

Recherche: Recherchieren nennt man es, wenn man eine Sache ganz genau wissen will und deshalb vieles liest oder anschaut: in Büchern, in Zeitungen und im Internet. **Seite 60, 126, 153**

Redewendung: Redewendungen sind Wörter oder Wortgruppen, deren wörtliche Bedeutung in einen anderen Zusammenhang übertragen wird. **Seite 26, 126**

Reim: Reime nennt man gleichklingende Wörter. Oft stehen sie am Ende von Versen. Sie kommen vor allem in Gedichten und Liedern vor. **Seite 14, 46, 151**

Rolle: Wenn man den Text von einer bestimmten Figur spricht und sich in sie hineinversetzt, dann spielt man eine Rolle. **Seite 166**

Rollenspiel: Ein Rollenspiel ist ein Spiel mit verteilten Rollen. **Seite 100, 102, 166**

Sachtext: Ein Sachtext informiert über ein bestimmtes Thema. Oft gehören zu Sachtexten auch Fotos, Bilder, Zeichnungen oder Tabellen. **Seite 82, 130, 163**

Sage: Eine Sage ist eine Erzählung von wunderbaren, schrecklichen oder erstaunlichen Ereignissen, die an einem realen Ort einmal geschehen sein sollen. In einer Sage gibt es immer erfundene und wahre Anteile. **Seite 88**

Stichworte: Stichworte braucht man, wenn in einem Lexikon etwas nachgeschlagen werden soll oder etwas im Internet zu einem Thema gesucht wird. Noitzen zu einem Text nennt man auch Stichworte. **Seite 160, 164**

Strophe: Strophen sind die Abschnitte in einem Gedicht oder in einem Lied. Strophen bestehen aus mehreren Versen. **Seite 68, 90, 145**

Suchmaschine: In einer Suchmaschine werden Internetseiten nach Stichworten geordnet. Die Suchmaschine filtert alle Internetseiten nach einer Anfrage und zeigt die Ergebnisse an. **Seite 58, 102**

Vers: Die Zeilen in einem Gedicht oder einem Lied nennt man Verse. Manchmal reimen sich die Wörter am Ende von Versen. **Seite 14, 46, 151**

Textquellen

S. 12/13, Lena Hach – *Ich, Tessa und das Erbsengeheimnis* [verändert, gekürzt] – Aus: Lena Hach: Ich, Tessa und das Erbsengeheimnis. Mit Illustrationen von Kerstin Meyer. mixtvision Mediengesellschaft mbH, München 2016.

S. 14/15, Elisabeth Steinkellner – *Hitzig* – Aus: Elisabeth Steinkellner: Vom Flaniern und Weltspaziern, Verlagsanstalt Tyrolia, Innsbruck, Wien 2019.

S. 16–19, Stefanie Höfler – *Helsin Apelsin* [verändert, gekürzt] – Aus: Stefanie Höfler: Helsin Apelsin und der Spinner, mit Bildern von Anke Kuhl, Julius Beltz GmbH & Co KG, Weinheim 2002.

S. 20, Julia Donaldson – *Die Schnetts und die Schmoos* [gekürzt] – Aus: Julia Donaldson, Axel Scheffler: Die Schnetts und die Schmoos. Aus dem Englischen übertragen von Salah Naoura. Beltz & Gelberg, Weinheim und Basel 2019.

S. 21, Richard Walker – *Kommunikation* – Aus: Richard Walker: Wow! Tiere. Übersetzt von Eva Sixt. Dorling Kindersley, München 2010.

S. 22/23, Rachel van Kooij – *Herr Krähe* [verändert, gekürzt] – Rachel van Kooij: Herr Krähe muss zu seiner Frau, Verlag Jungbrunnen, Wien 2019.

S. 24/25, Manfred Mai – *Manchmal* [gekürzt] – Aus: Stefanie Schweizer (Hrsg.): Lyrik-Comics. Gedichte, Bilder, Klänge. Bilder von Sylvani Mérot. Beltz & Gelberg, Weinheim und Basel 2019.

S. 27, Max Kruse – *Mein Glück* – Aus: Amelie Fried (Hrsg.): Ich liebe dich wie Apfelmus. Die schönsten Gedichte für Kleine und Große. cbj Kinder- und Jugendbuchverlag, München 2018.

S. 28/29: Ute Krause – *Zoff beim Abendessen* [verändert, gekürzt] – Aus: Ute Krause: Das Geheimnis des schwarzen Raben. cbj Kinder- und Jugendbuchverlag, München 2018.

S. 31: Lorenz Pauli – *Weltrekord* – Aus: https://www.dasgedichtblog.de/gedichte-fuer-kinder-folge-28-acht-kindergedichte-von-lorenz-pauli/2017/06/10/, letzter Zugriff 29.04.2021.

S. 34/35, Will Gmehling – *Nächste Runde* [verändert, gekürzt] – Aus: Will Gmehling: Die Bukowskis boxen sich durch. Peter Hammer 2020.

S. 36/37, Interview mit Angelika Ribler – *Rote Karte für Rassismus* [gekürzt] – Interview von Marco Wedig mit Angelika Ribler, aus: „Dein Spiegel“ https://www.spiegel.de/deinspiegel/rassismus-im-fussball-was-du-dagegen-tun-kannst-a-a4ff3520-f9e4-4a3a-9ad0-2b4a61546dcb, letzter Zugriff: 20.04.2021.

S. 42, Nils Mohl – *die affen und der kokosnuss-muffin* – Aus: Nils Mohl, König der Kinder: Gedichte, Mixtvision Mediengesellschaft, München 2020.

S. 43, Silke Schlichtmann – *Bluma und das Gummischlangengeheimnis* [gekürzt] – Aus: Silke Schlichtmann: Bluma und das Gummischlangengeheimnis. Carl Hanser Verlag, München 2017.

S. 44/45, Ulf Stark – *Die Ausreißer* [verändert, gekürzt] – Aus: Ulf Stark: Die Ausreißer. Aus dem Schwedischen von Brigitta Kicherer. Verlag Urachhaus, Stuttgart 2020.

S. 46, Erwin Grosche – *Nudeln, Nudeln* – Aus: Erwin Grosche, Dagmar Geisler: Ich hab dich gern, du hast mich gern. Mäusestarke Geschichten und wolkenzarte Kichergedichte. cbj, München 2011.

S. 50/51, Lisa Graff – *Der Backwettbewerb* [verändert, gekürzt] – Aus: Lisa Graff: Eine Messerspitze voll Magie. Beltz & Gelberg, Weinheim und Basel 2016. S. 165-166, 195.

S. 54, Franzsika Röchter – *Paradiesbauer* – Aus: https://www.dasgedichtblog.de/gedichte-fuer-kinder-folge-60-fuenf-kindergedichte-von-franziska-roechter/2020/02/10/, letzter Zugriff 29.04.2021.

S. 56/57, Andrea Poßberg – *Die Grünen Piraten* – Anschlag auf die Baumriesen [verändert, gekürzt] – Aus: Andrea Poßberg, Corinna Böckmann: Die Grünen Piraten – Anschlag auf die Baumriesen. Illustrationen von Corinna Böckmann. Südpol Verlag, Grevenbroich 2019.

S. 58/59, Pavla Hanáčková – *Zwei sind besser als einer* [gekürzt] – Pavla Hanáčková & Linh Dao: Warum Nilpferde nie allein sind: außergewöhnliche Freundschaften in der Natur. Übersetzt aus dem Englischen von Bea Reiter. Löwe Verlag, Bindlach 2018.

S. 60–63, Marc ter Horst – *Klimawandel auf unserer Erde* [verändert, gekürzt] – Aus: Marc ter Horst, Wendy Panders: Palmen am Nordpol. Alles über den Klimawandel. Aus dem Niederländischen von Rolf Erdorf. Gabriel Verlag, Stuttgart 2020.

S. 61, Angaben Grafik Eisbohrungen: Bundesministerium für Umwelt, Naturschutz, Bau- und Reaktorsicherheit (Hrsg.): Klimawandel. Arbeitsheft für Schülerinnen und Schüler – Grundschule. Berlin 2017.

S. 64/65, Marie Blöcher – *Nur ein Grad wärmer* [gekürzt] – Aus: Martin Verg (Hrsg.): Geolino Extra Nr. 61: Unser Klima. Wie es entsteht. Wie es sich ändert. Wie wir es schützen können. Gruner + Jahr GmbH & Co KG 2016.

Textquellen

S. 66/67, Albert Wendt – *Henrikes Dachgarten* [verändert, gekürzt] – Aus: Albert Wendt: Henrikes Dachgarten: Das Wunder der Krummen Sieben. Mit Illustrationen von Linda Wolfsgruber. Verlag Jungbrunnen, Wien 2018.

S. 68, Heinz Erhardt – *Die Made* – Aus: Heinz Erhardt: Hinter eines Baumes Rinde: Gedichte für Kinder. Lappan, Oldenburg 2009.

S. 69, Salah Naoura – *Hilfe* – Aus: Hans-Joachim Gelberg (Hrsg.): Glücksvogel: Geschichten, Gedichte und Bilder. Beltz & Gelberg, Weinheim und Basel 2013.

S. 70, Manfred Schlüter – *Merkwürdiger Empfang* – Aus: Manfred Schlüter: Reime Eimer. 8 x 8 Gedichte für kleine und große Menschen von 8 bis 88. Boje Verlag, Köln 2006.

S. 71, Andrea Schwendemann – *Fake News* – Gefälschte Nachrichten [gekürzt] – Aus: Andrea Schwendemann: Filme, Bücher und andere Medien. Ravensburger Buchverlag Otto Maier, Ravensburg 2018.

S. 72/73, Marc ter Horst – *Was killte die Dinos?* [gekürzt] – Aus: Marc ter Horst, Wendy Panders: Palmen am Nordpol. Alles über den Klimawandel. Aus dem Niederländischen von Rolf Erdorf. Gabriel Verlag, Stuttgart 2020.

S. 74, Anonym – *Glückwünsche* – Aus: Es las ein Buch im Bett. Reclam, 2009. S. 74, Ronald Glomb – Zufriedenheit – Aus: https://www.dasgedichtblog.de/gedichte-fuer-kinder-folge-61-acht-unveroeffentlichte-kindergedichte-von-ronald-glomb/2020/03/10/ , letzter Zugriff 29.04.2021.

S. 74, Ronald Glomb – *Zufriedenheit* – Aus: https://www.dasgedichtblog.de/gedichte-fuer-kinder-folge-61-acht-unveroeffent-lichte-kindergedichte-von-ronald-glomb/2020/03/10/, letzter Zugriff: 29.04.2021

S. 78/79, Katherine Applegate – *Baum der Wünsche* [gekürzt] – Aus: Katherine Appelgate: Baum der Wünsche. Aus dem amerikanischen Englisch von Katrin Fischer. Mit Illustrationen von Charles Santoso. Ueberreuter Verlag, Berlin 2018.

S. 80/81, Sabine Bohlmann – *Das Leben ist (k)ein Wunschkonzert* [verändert, gekürzt] – Aus: Sabine Bohlmann: Das Leben ist kein Wunschkonzert. Mit Illustrationen von Petra Eimer. Planet Girl Verlag, Stuttgart 2015.

S. 82–85, Amanda Li – *Echt stark!* [verändert, gekürzt] – Aus: Amanda Li: Rise up. Außergewöhnliche Lebensgeschichten von starken Kids. Übersetzt aus dem Englischen von Claudia Gliemann. Arena Verlag, Würzburg 2020.

S. 86/87, Lena Hach – *Hugo und Big Dschi* – Aus: Lena Hach: Hugo und Big Dschi. Mit Illustrationen von Kai Schüttler. Beltz & Gelberg, Weinheim und Basel 2020.

S. 88/89, erzählt von Dimiter Inkiow – *Der Zankapfel* [verändert, gekürzt] – Aus: Die schönsten griechischen Sagen. Neu erzählt von Dimiter Inkiow. Ellermann im Dressler Verlag, Hamburg 2013.

S. 90/91, Nadia Budde – *Und außerdem sind Borsten schön!* [gekürzt] – Aus: Nadia Budde: Und außerdem sind Borsten schön! Peter Hammer Verlag, Wuppertal 2013.

S. 92, Giovanna Zoboli – *Ach, hätt' ich doch...* [verändert, gekürzt] – Aus: Giovanna Zoboli: Ach, hätt' ich doch ... Peter Hammer Verlag, Wuppertal 2010.

S. 93, Andrea Schwendemann – *Was will Werbung?* [verändert, gekürzt] – Aus: Andrea Schwendemann: Filme, Bücher und andere Medien. Ravensburger Buchverlag Otto Maier, Ravensburg 2018.

S. 94/95, Martin Klein – *Lene und die Pappelplatztiger* [gekürzt] – Aus: Martin Klein: Lene und die Pappelplatztiger. Omnibus Verlag, München 2006.

S. 96, Robert Paul Weston – *Hier ist eine Geschichte* – Aus: Robert Paul Weston: Zorgamazoo. Nachgedichtet und übersetzt von Uwe-Michael Gutzschahn. Deutscher Taschenbuch-Verlag, München 2014.

S. 97, – *Beim Lesen kann man die schönsten Erlebnisse haben* – Aus: Wie Kinder Bücher lesen, Carlsen Verlag, Hamburg 2020.

S. 100/101, Rüdiger Bertram – *Sag hallo zu Dandy Smart* [verändert, gekürzt] – Aus: Rüdiger Bertram: Hilfe, mein Handy ist ein Superschurke! Teil 1, Rowohlt Taschenbuch Verlag, Hamburg 2020.

S. 102/103, Anna Woltz – *Tess* [gekürzt] – Aus: Anna Woltz: Meine wunderbar seltsame Woche mit Tess. Aus dem Niederländischen von Andrea Kluitmann. Carlsen Verlag, Hamburg 2020.

S. 108, Christoph Drösser – *100 Kinder: 80 haben zu Hause einen Fernseher* – Aus: Christoph Drösser: 100 Kinder, Gabriel Verlag, Stuttgart 2020.

S. 109, – *Ein rosa Missgeschick* – Aus: Anna Wilson: Paddington 2: Das Buch zum Film, aus dem Englischen von Anne Braun, Edel:Kids Books, Hamburg 2017.

S. 110/111 Jo Simmons – *KLICK!* [verändert, gekürzt] – Aus: Jo Simmons: Hilfe, ich habe meinen Bruder im Internet getauscht! Aus dem Englischen von Johanna Wais. Illustrationen von Nathan Reed. 2020 Schneiderbuch, Egmot Verlagsgesellschaft, Berlin.

S. 118 Antje Damm – *Ich bin WIR...klich...* – Aus: Hans-Joachim Gelberg (Hrsg.): Glücksvogel. Geschichten, Bilder und Gedichte. Beltz & Gelberg, Weinheim und Basel 2013.

Textquellen

S. 119, Peter Härtling – *Glücksgedicht* – Aus: Hans-Joachim Gelberg (Hrsg.): Glücksvogel. Geschichten, Gedichte und Bilder. Beltz & Gelberg, Weinheim und Basel 2013.

S. 122/123, Alexandra Maxeiner – *Karlas ziemlich fabelhafter Glücksplan* [verändert, gekürzt] – Aus: Alexandra Maxeiner: Karlas ziemlich fabelhafter Glücksplan. Gulliver, Beltz Verlag, Weinheim und Basel 2020.

S. 124/125, Georg Bydlinski – *Sieben auf der Suche* [verändert, gekürzt] – Aus: Georg Bydlinski: Sieben auf der Suche. Dachs Verlag, Wien 2003.

S. 126-129, Rolf-Bernhard Essig – *Da haben wir den Salat!* [verändert, gekürzt] – Aus: Rolf-Bernhard Essig: Da haben wir den Salat. In 80 Sprichwörtern um die Welt. Carl Hanser Verlag 2018.

S. 132/133, Jörg Isermeier – *Eine gute Idee?* [verändert, gekürzt] – Aus: Jörg Isermeier: Die Brüllbande. Gulliver, Beltz Verlag, Weinheim und Basel 2018.

S. 138/139, Valentina Brüning – *Eine Traumtorte* [gekürzt] – Aus: Valentina Brüning: Kakao und Fischbrötchen. Tulipan 2020.

S. 140, Haddy Njie – *In der Wärme schläft der Herbst* – Aus: Haddy Njie, Lisa Aisato: Wenn die Jahreszeiten träumen. Aus dem Norwegischen von Neele Bösche. Atrium Verlag, Zürich 2020.

S. 141, Horst Samson – *Der Herbst kommt über uns* – Aus: Horst Samson, Aus: https://www.dasgedichtblog.de/gedichte-fuer-kinder-folge-18-sieben-unveroeffentlichte-kindergedichte-von-horst-samson/2016/08/10/, letzter Zugriff: 29.04.2021

S. 142/143: Kirsten Boie – *Zurück in Sommerby* [verändert, gekürzt] – Aus: Kirsten Boie, Zurück in Sommerby, Verlag Friedrich Oetinger, Hamburg 2020.

S. 144, Haddy Njie – *Im Herbst ruht der Winter* – Aus: Haddy Njie, Lisa Aisato: Wenn die Jahreszeiten träumen. Aus dem Norwegischen von Neele Bösche. Atrium Verlag, Zürich 2020.

S. 145, – *Ding dong bells* – Aus: Liederbuch für die Schule; Volk und Wissen, Berlin 1999 S. 229

S. 145, Matthias Kröner – *Weihnachtsbaum oder Er nadelt* – Aus: Matthias Kröner, https://www.dasgedichtblog.de/weihnachts-gedichte-folge-37-weihnachtsbaum-oder-er-nadelt/2017/01/06/, letzter Zugriff 18.05.2021.

S. 146/147, Roswitha Fröhlich – *Joschi* – Aus: Roswitha Fröhlich: Wie Joschi zu seinem Meerschweichen kam. Verlag Eschbach, Eschbach 2009.

S. 149, Jutta Richter – *Silvester* – Aus: Jutta Richter: Der Sommer schmeckt wie Himbeereis. Bertelsmann, München 1990.

S. 150, Haddy Njie – *In der Kälte schläft der Frühling* – Aus: Haddy Njie, Lisa Aisato: Wenn die Jahreszeiten träumen. Aus dem Norwegischen von Neele Bösche. Atrium Verlag, Zürich 2020.

S. 151: Iris Schürmann-Mock – *Auf der Wiese* – Aus: Iris Schürmann-Mock, https://www.dasgedichtblog.de/gedichte-fuer-kinder-folge-44-fuenf-unveroeffentlichte-kindergedichte-von-elisabeth-steinkellner/2018/11/10/, letzter Zugriff am 29.04.2021

S. 153 – *Der Welttag des Buches* – https://www.zdf.de/kinder/logo/welttag-des-buches-102.html, letzter Zugriff am 22.04.2020

S. 154, Haddy Njie – *Im Frühling schläft der Sommer* – Aus: Haddy Njie, Lisa Aisato: Wenn die Jahreszeiten träumen. Aus dem Norwegischen von Neele Bösche. Atrium Verlag, Zürich 2020.

S. 155, Deutscher Wetterdienst – *Mittlere Anzahl der Tage mit Gewittern pro Monat* – Aus: https://www.dwd.de/DE/leistungen/unwetterklima/gewitter/gewitter_node.html, letzter Zugriff: 11.05.2021.

S. 156/157 Marianne Kaurin – *Irgendwo ist immer Süden* [gekürzt] – Aus: Marianne Kaurin: Irgendwo ist immer Süden. Aus dem Norwegischen von Franziska Hüther. Woow Books, Zürich 2020.

S. 158/159, Miriam Körner – *Mein bester Freund* [gekürzt] – Aus: Miriam Körner: Winter Dogs. Aus dem Englischen von der Autorin. Oetinger Taschenbuch, Hamburg 2019.

S. 163, Pavla Hanáčková – *Jagd-Duo* [gekürzt] – Aus: Pavla Hanáčková & Linh Dao: Warum Nilpferde nie allein sind: Außergewöhnliche Freundschaften in der Natur. Übersetzt aus dem Englischen von Bea Reiter. Löwe Verlag, Bindlach 2018.

S. 165, Mikael Engström – *Kaspar, Opa und der Monsterhecht* [verändert, gekürzt] – Aus: Mikael Engström: Kaspar, Opa und der Monsterhecht. Aus dem Schwedischen von Brigitte Kircherer. Deutscher Taschenbuch-Verlag, München 2017.

S. 166, Ursula Wölfel – *Die Geschichte vom Kind, das immer lachen musste* [gekürzt] – Aus: Ursula Wölfel: Achtundzwanzig Lachgeschichten. Omnibus, München 2005.

S. 169, Roald Dahl – *Wie man Träume fängt* [verändert, gekürzt] – Aus: Roald Dahl: Sophiechen und der Riese. Aus dem Englischen von Adam Quidam. Rowohlt Taschenbuch Verlag, Hamburg 1984. Neuausgabe 2017.

Bildquellen

|Asaro, Cesare, Wien: Titel, 160.3. |Atrium Verlag AG, Zürich, Hamburg: Haddy N'jie, Lisa Aisato. Wenn die Jahreszeiten träumen. Aus dem Norwegischen von Neele Bösche, 2020 140.1, 144.1, 150.1, 154.1. |Blanck, Iris, Hamburg: 11.2, 15.2, 33.2, 37.1, 55.2, 57.2, 77.2, 79.2, 99.2, 101.2, 121.2, 123.2, 143.1, 147.2, 153.2, 157.2, 159.2. |Bulls Pressedienst GmbH, Frankfurt am Main: Dirk Browne. Hägar der Schreckliche, Klassiker der Comic-Literatur, Frankfurter Allgemeine Zeitung, Frankfurt am Main, S. 212. Panini Comics © 2005 King Features Syndicate, Inc./Distr. Bulls Hearst Holdings, Inc. For this edition: © 2005 Panini S.p.A. All rights reserved 47.1. |Carlsen Verlag GmbH, München: Anna Woltz, Meine wunderbar seltsame Woche mit Tess. Die Taschenbuchausgabe mit Filmbildern! © Carlsen Verlag GmbH, Hamburg 2020 102.1. |farbfilm verleih GmbH, Berlin: ein Film von Steven Wouterlood. Meine wunderbar seltsame Woche mit Tess, 2019 103.1, 106.1. |fotolia.com, New York: elxeneize 63.1; Smileus 63.2. |Holzapfel, Falk, Wien: Titel, Titel, 3.1, 3.2, 3.3, 3.4, 3.5, 3.6, 3.7, 3.8, 3.9, 3.10, 3.11, 3.12, 3.13, 3.14, 3.15, 3.16, 3.17, 11.1, 32.1, 33.1, 55.1, 76.1, 77.1, 98.1, 99.1, 120.1, 121.1, 176.1, 176.2, 176.3. |iStockphoto.com, Calgary: Canning, Ken 64.1; SDI Productions 36.1. |Mixtvision Mediengesellschaft mbH, München: Lena Hach. Ich, Tessa und das Erbsengeheimnis, 2018 13.1. |OKAPIA KG - Michael Grzimek & Co., Frankfurt/M.: NielsDK/imageBROKER 65.1; Schauhuber, Alfred/imageBROKER 58.2; Stanzani, Augusto Leandro/ARDEA 58.1. |Peter Hammer Verlag GmbH, Wuppertal: Nadia Budde. Und außerdem sind Borsten schön, Wuppertal 2013 90.1, 91.1, 91.2; Will Gmehling. Nächste Runde - Die Bukowskis boxen sich durch 34.1. |Picture-Alliance GmbH, Frankfurt a.M.: AP Photo 83.1; Dogwoof Pictures/ Zumapress.com 82.1; Forster, Gioia/dpa 85.1; Gebert, Andreas/dpa 59.1. |Rowohlt Verlag GmbH, Hamburg: Rüdiger Bertram. Hilfe, mein Handy ist ein Superschurke!, 2020 100.1, 100.2, 101.1. |Sommer, Uta, Berlin: 149.2. |Stapper, Michael, Berlin: 31.1, 109.1, 112.1, 112.2, 112.3, 112.4, 112.5, 112.6, 112.7, 113.1, 115.1, 115.2, 115.3, 115.4, 115.5, 116.1, 116.2, 149.3, 158.1, 160.1, 160.2, 164.1, 166.1, 166.2, 168.1. |stock.adobe.com, Dublin: Daniel 64.2; Teresa 65.2; wip-studio 153.1. |STUDIOCANAL, Issy les Moulineaux: Paddington 2 © 2017 STUDIOCANAL S.A.S. All Rights Reserved. «Paddington Bear™, Paddington™ and PB™ are trademarks of Paddington and Company Limited www.paddington.com » 104.1. |Südpol Verlag, Grevenbroich: Andrea Poßberg. Die grünen Piraten. Mit Illustrationen von Corinna Böckmann. Anschlag auf die Baumriesen. Südpol Verlag, Grevenbroich 2019.(ISBN 978-3-943086-89-8) 56.1, 56.2, 57.1. |Thienemann-Esslinger Verlag GmbH, München: Gregg Segal: Über den Tellerrand. Was Kinder hier und anderswo essen. Aus dem Amerikanischen von Ebi Naumann © 2020 Gabriel in der Thienemann-Esslinger Verlag GmbH, Stuttgart 30.1, 30.2. |Ueberreuter Verlag GmbH, Berlin: Katherine Applegate. Baum der Wünsche, 2018 78.1, 78.2, 79.1. |Verlag Jungbrunnen GmbH, Wien: 66.1, 67.1, 67.2. |Verlagsgruppe Beltz, Weinheim: Alexandra Maxeiner. Karlas ziemlich fabelhafter Glücksplan. Gulliver, Beltz & Gelberg, Weinheim und Basel 2020 122.1; aus: Alexandra Maxeiner, Karlas ziemlich fabelhafter Glücksplan © 2018 Beltz & Gelberg in der Verlagsgruppe Beltz, Weinheim Basel 123.1; aus: Labor Ateliergemeinschaft/Ich so du so © 2017 Beltz & Gelberg in der Verlagsgruppe Beltz, Weinheim Basel 9.1, 9.2; aus: Lena Hach/Kai Schüttler, Hugo und Big Dschi © 2020 Beltz & Gelberg in der Verlagsgruppe Beltz, Weinheim Basel 87.1; aus: Scheffler/Donaldson, Die Schnetts und die Schmoos © 2019 Beltz & Gelberg in der Verlagsgruppe Beltz, Weinheim Basel 20.1, 20.2; aus: Stefanie Höfler, Helsin Apfelsin und der Spinner © 2020 Beltz & Gelberg in der Verlagsgruppe Beltz, Weinheim Basel 16.1, 17.1, 18.1; aus: Stefanie Schweizer (Hrsg.) Lyrik Comics © 2019 Beltz & Gelberg in der Verlagsgruppe Beltz, Weinheim Basel 24.1, 25.1, 25.2, 25.3, 25.4; Lena Hach. Ich, Tessa und das Erbsengeheimnis, Gulliver 2018 12.1. |Verlagsgruppe HarperCollins Deutschland GmbH, Hamburg: Jo Simmons. Hilfe, ich habe meinen Bruder im Internet getauscht, Schneiderbuch, 2020 110.1. |Weltkino Filmverleih GmbH, Leipzig: Ralf Kukula, Matthias Bruhn. Fritzi - Eine Wendewundergeschichte, Deutschland/Luxemburg/Belgien/Tschechien, 2019 105.1. |Wiemers, Sabine, Düsseldorf: 8.1, 8.2, 8.3, 9.3, 9.4, 9.5, 14.1, 15.1, 21.1, 21.2, 21.3, 21.4, 21.5, 23.1, 26.1, 26.2, 26.3, 27.1, 28.1, 31.2, 35.1, 38.1, 39.1, 41.1, 42.1, 43.1, 45.1, 46.1, 48.1, 48.2, 48.3, 48.4, 48.5, 48.6, 48.7, 48.8, 49.1, 50.1, 53.1, 53.2, 60.1, 61.1, 61.2, 61.3, 61.4, 61.5, 61.6, 62.1, 68.1, 69.1, 70.1, 71.1, 72.1, 73.1, 74.1, 74.2, 74.3, 74.4, 74.5, 74.6, 75.1, 75.2, 75.3, 75.4, 75.5, 75.6, 75.7, 75.8, 75.9, 75.10, 75.11, 75.12, 75.13, 81.1, 89.1, 92.1, 92.2, 92.3, 92.4, 92.5, 92.6, 92.7, 92.8, 92.9, 93.1, 93.2, 95.1, 96.1, 97.1, 97.2, 97.3, 97.4, 108.1, 114.1, 118.1, 119.1, 119.2, 119.3, 125.1, 126.1, 128.1, 129.1, 130.1, 131.1, 133.1, 134.1, 134.2, 135.1, 135.2, 135.3, 136.1, 137.1, 137.2, 138.1, 141.1, 141.2, 142.1, 145.1, 147.1, 148.1, 149.1, 151.1, 151.2, 151.3, 151.4, 151.5, 152.1, 157.1, 159.1, 161.1, 165.1, 167.1, 169.1.

PASSWORT
LUPE

Lesebuch 4

Erarbeitet von
Kathrin Grothe, Bielefeld
Leonore Jahn, Erfurt
Beate Janzen, Berlin
Dr. Monika Plath, Erfurt
und Uta Sommer, Berlin

Unter wissenschaftlicher Beratung von
Prof. Dr. Tabea Becker, Hannover

Illustriert von
Sabine Wiemers, Düsseldorf
Michael Stapper, Berlin
Zapf, Wien

Druck A³ / Jahr 2025
Alle Drucke der Serie A sind im Unterricht parallel verwendbar.

Redaktion: Silke Lohmeyer
Gesamtlayout: BlumDesign, Hamburg
Umschlaggestaltung: BlumDesign, Hamburg, mit einer Illustration von Zapf
Layout: PER Medien, Braunschweig
Druck und Bindung: Westermann Druck GmbH, Georg-Westermann-Allee 66, 38104 Braunschweig

ISBN 978-3-14-**141418**-9